삼가 이 책을
평생 모든 사람들의 얼굴을 화폭(畵幅) 삼아
웃음을 그리시다 작고하신 선친
국민 만담가 장소팔 어르신께
바칩니다.

장광혁 웃음 경영학

짜증과 맞짱뜨기

-20초에 사로잡아라

갑을패

■ 맞짱뜨기에 앞서

장광혁 웃음경영학

불행아 나와라! 맞짱 한 번 뜨자!

『20초에 사로잡아라』는 초판이 영풍문고 인문경영베스트셀러 2위, 전체 7위까지 올랐다. 책이 품절 되었는데 마침 세기의 불황시대가 도래했다. 정치도 오비이락(오바마는 뜨고, 이명박은 떨어졌다)이다. 그래서 필자는 대한민국 국민에게 희망을 주기 위해 책을 새로 찍는 김에 제목을 『짜증과 맞짱뜨기』로 정했다.

불황기에는 여성의 스커트 길이가 짧아지고, 오히려 화장품 소비가 늘어나며 립스틱이 강렬한 레드 와인색으로 바뀐다. 이는 여성의 사회활동이 활발해지며, 생존 전략상 상대를 유혹하여 설득하려는 사회심리현상이니, 여기에서 불황 타개의 실마리를 잡을 수 있다.

불황 때 사람들은 본능적으로 짜증을 낸다.

그러나 불황일수록 액티브해야 하며, 유머러스해야 하고, 상대를 배려해야 하며, 더욱 당당해야 한다. 즉, 불황과 맞짱을 떠야 한다. 불행과 맞짱을 떠야 한다. 부정적인 생각과 맞짱을 떠야 한다.

짜증과 맞짱을 떠야 한다.

그래야 상대를 설득할 수 있다. 그래야 불황에서 살아남을 수 있다.

그래야 불황이 오히려 기회가 될 수 있다.

불황시대에는 상대(수컷, 소비자, 거래처)를 매우 잘 설득하는 자만이 살아남고 설득의 기술이 모자라는 자는 도태되고 만다.

설득의 국어사전적 정의는 '여러 가지로 설명해 납득시키는 것'을 말한다. 우리가 하는 말, 손짓, 몸짓, 이 모든 것이 상대를 설득하기 위한 목적적 행위다.

여기서 설득을 하는 목적은, 정치인이라면 자기의 주장을 펴고 이런 이유로 자신에게 표를 달라는 설득이며, 상품을 생산하는 자라면 컨슈머에게 자신의 상품을 홍보하면서 이 상품을 사달라는 설득이고, 프로포즈를 하는 자라면 상대 이성에게 자신의 매력과 장점을 알리면서 자신의 사랑을 받아달라는 설득이고… 등등, 인생을 살아가는 순간 순간이 설득의 연속이라고 해도 과언이 아니다.

20초에 사로잡아라

장광혁 웃음경영학

왜 20초인가?

상대방을 처음 대할 때 정지화면 상태에서 상대를 파악하는 데는 2초가 걸리고, 상대방의 표정이나 동작을 처음 파악하는 데는 5초가 걸린다. 이 5초 미학(美學)의 전범(典範)은 꼿꼿이 선 자세에서 김정일 북한 국방위원장과 한 손으로 악수를 하는 TV의 한 장면으로 꼿꼿장수(이름도 한몫했다)의 이미지를 심어 전 국민을 사로잡고 비례대표 앞 순위로 국회의원이 된 전 국방장관 김장수이다.

여기에 인사가 곁들인 인상적인 대화로 상대에게 호감을 주는 데는 20초가 걸린다. 이 20초가 첫인상을 결정짓는데, 첫인상은 좀처럼 바뀌지 않으니, 미국의 심리학자 〈솔로몬 아쉬〉는 이를 '첫인상의 초두효과' 라고 했다.

그러면 이 20초 내에 상대를 사로잡으려면 어떻게 해야 하는가? 가장 좋은 인상을 주는 것이 웃는 얼굴이다. 여기에 예의가 곁들여지고 자신감에서 우러나오는 그 상황에 절묘하게 맞아떨어지는 유머 한마디는 상대를 단번에 사로잡는다.

그러면 자신감은 어디에서 나오는가? 상식과 지식 그리고 지혜, 즉 교양에서 배어나오는 것이다. 유머를 의미하는 히브리어 '호크마'는 지혜를 뜻하기도 한다.

이 책을 집필하면서 소재와 관련된 상식과 지식, 그리고 필자의 녹록지 않은 독서량과 그동안 지성인들과 부딪쳐오며 체득한 지혜를 알리는 데 많은 지면을 할애한 것도 이런 연유에서다.

20초에 상대에게 피할 수 없는 호감을 주었다면, 상대는 당신의 설득을 받아들일 준비가 되어 있는 것이다.

유머로 경계 허물기

그런데 상대방이 나의 프로포즈를 받아들이려면 마음의 방어벽 즉 경계를 허물어야 한다. 이 경계를 허무는 데는 조리 있는 말솜씨와 이론, 설득 당했을 때 상대방이 얻을 기대이익, 마음을 누그러뜨리는 분위기, 식사 대접, 술자리 마련 등등 여러 툴(tool)이 있겠지만, 이런 요소들과 곁들여서 상대방의 경계를 치명적으로 허무는 비장의 카드가 유머이다.

W · M 새커리는 "능수능란한 유머는 사교적 모임을 위해 입을 수 있는 가장 좋은 옷"이라고 했다.

유머란 현실과 가상을 통섭하고 융합하는 뉴 웨이브 장르

유머의 국어사전적 정의는 익살스러운 농담, 해학(諧謔)이다. 다시 해학의 정의는 익살스럽고 풍자적인 말이나 행동이다. 여기서 익살이란 남을 웃기려고 일부러 우습게 하는 실없는 말을 의미하며, 풍자란 무엇에 빗대어 재치 있게 경계하거나 비판하는 것을 말한다.

그렇다. 유머란 일부러 하는 것이며, 빗대어야 하고, 재치 있어야 하며,경계하거나 비판하여야 하고, 실없어야 한다. 즉 유머란 현실과 가상을 통섭(通涉)하고 융합(convergence)하는 뉴 웨이브 장르이다. 유머는 사람 사이의 경계 허물기는 물론, 자유로운 사상, 자유로운 상상의 경계 허물기이기도 하다. 아인슈타인은 노벨상 수상 소감으로 "나를 키운 것은 유머였고, 내 최고의 능력은 조크"라고 말했다. 이처럼 유머는 고정관념을 깨뜨리는 창조의 촉매이다.

장광혁 웃음경영학

웃음은 유효기간이 없는 최고의 약이며, 병을 막아주는 방탄조끼다.

이 말은 〈스마트 비즈니스〉의 '웃음의 치유력'에서 나오는 말이다. 웃으면 신경호르몬인 엔도르핀이 분비되는데, 이는 모르핀보다 훨씬 강한 생체 내 진통제이다. 소리를 내어 크게 웃으면 윗몸, 어깨, 팔, 다리는 물론 폐, 심장, 횡경막까지 우리 몸의 모든 근육이 움직인다. 이처럼 웃음은 배가 아프도록 깔깔 웃을수록 엄청난 유산소 운동이 된다.

참 다행인 것은, 우리의 뇌는 진짜 웃음과 억지 웃음을 구별하지 못한다는 것이다. 따라서 억지로라도 포복절도를 하면 정신 건강은 물론 육체 건강에도 좋다. 그러나 유머에 의한 진짜 웃음에야 어찌 비할손가?

그런데 유머는 자칫 참을 수 없는 가벼움이 되버리기 십상이다. 유머에 철학이 있고, 격(格)이 있어야 하는 것도 이런 연유다.

유머란 사실과 허구의 경계이며, 상하 좌우 경계의 해체 작업이다.

유머는 닫힌 마음을 열고, 경직된 사유의 틀을 허물어 넓힌다. 유머란 밸런스 깨기이다. 아름다운 여성의 윙크처럼. 유머란 과장이며 축소이고, 순진 그 자체이기도 하지만 때로는 비틀기이며, 전라도 사투리보다 더 징하게 상대의 가슴을 후벼 파기도 한다.

유머는 형이하학적인 동시에 형이상학적이다.

유머의 맛은 반전과 의외성에 있다. '빌게이츠가 과로로 쓰러졌다'는 유머가 아니지만, '백수가 너무 바빠 과로로 쓰러졌다'고 하면 유머가 되는 것처럼…

Funny Business의 저자 〈밥 로스〉는 유머기술로 AT & T를 제시한다. 즉, Appropriate(내용 타당성), Timely(시의 적절성) 그리고 Tasteful(취향)이다. 상대의 취향에 맞는 유머를 대화 도중 타이밍을 맞춰 힘을 빼고 자연스럽게 툭툭 던져야 한다.

그런데 유머는 주위 사람들에 대한 지대한 관심에서 그 실타래를 풀어야 한다. 즉 상대방에 대한 칭찬과 관련된 유머로 시작되어야 한다.

이처럼 유머는 경계를 허물며 주변의 지경(地境)을 넓히는 일이다.

얼마 전 타계한 풍자 칼럼니스트 〈아트 부크월트〉는 뉴욕타임즈에 미리 촬영해 놓은 동영상 칼럼에서

"안녕하세요.〈아트 부크월트〉입니다. 제가 조금 전 사망했습니다."

라고 자신의 죽음까지 마지막 유머로 사용하여 비장감마저 주는 유머의 절정을 보여 주고 있다.

얼마 전 타계한 기상학자 에드워드 로렌츠는 '브라질에서 나비 한 마리가 일으킨 날갯짓이 대기의 흐름을 변화시켜 텍사스 주에서 토네이도가 발생하는 결과로 이어질 수 있다' 는 〈나비효과〉라는 개념을 제시하여 카오스(혼돈) 이론의 토대를 세웠는데,

필자의 이 책으로 인해 세기적인 불황시대에 한반도 전역에 웃음꽃이 만발할 것을 **믿씁니다**.

따라서 스트레스로 찌든 온 국민이 모두 웃는 그 날까지 장광혁 유머의 원천기술 저작권은 대한국민의 것입니다. 마음껏 베껴 쓰시고,

바이러스처럼 옆사람에게 옮기십시요.

그 대신 부탁 하나 들어주세요. 불황시대일수록 일찍 귀가하여 일찍 자고 일찍 일어나 돈 안 드는 아침 산책으로 하루를 시작하십시요.

또 하나, 금연은 돈 안 들이고 자신이 자신에게 해 줄 수 있는 **지금** 최선의 목적적 행위입니다. 바로 **지금** 단행 하십시요.

순금, 현금 보다 더 소중한 것이 **지금**입니다.

불황시대일수록 **지금** 코디를 세련되게 하고, 평소 만나던 사람이 아닌, 자신에게 호감을 가졌음직한 서너 번 인연을 맺었던 사람을 **지금** 만나십시요. 그리고 **지금** 웃는 얼굴과 유머로 무장하고 생존 전장터로 나가보십시요.

거짓말처럼 일이 술술 풀려, 화들짝 놀랄 겁니다.

자, 이 책으로 불황시대의 부정적인 생각, 소극적인 성격, 패배의식 등 스트레스로부터 일탈의 자유로움을 노래하자.

천만다행으로 필자가 이 책 개정판을 탈고 하는 날 바그다드로 날아간 부시에게 이라크 기자가 신발을 날렸다. 다른 기자가 부시에게 신발을 던진 기자에 대해 질문을 날렸다. 부시는 즉시 유머를 날렸다. "그 기자의 신발 사이즈가 10인치라는 것 밖에는 모릅니다."

부시는 신발만 피한 것이 아니라, 유머로 미국에 대한 모욕도 피한 것이다.

아! 유머가 나를 자유케 하리니.

짜증과 맞짱뜨기

목차

짜증과 맞짱뜨기

웃으면 복이 옵니다!
웃으면 사랑이 넘칩니다!
천사 같은 맘과 얼굴로 아버지의
대를 이어 어둔세상에 웃음을 선사하는
장광혁 님은
참 아름다운 천사 입니다!

서기이천팔년 초여름
장사익

유머로 나의 무기력과 맞짱뜨기

• 웃는 눈이 아름다운 분. 내 눈에는 그의 웃는 눈이 그렇게 크게 보일 수가 없다. 그 분을 보는 것만으로도 살맛나고, 에너지가 솟고, 행복하고, 감사하다. 그러면서 슬그머니 잠자는 영혼을 깨워 욕망에 불을 지피는 남자. 당신은 미소천사. –임경애(오페라 가수 · 백석대대학원 출강)

• 시대를 읽고 희망을 만들어 바람개비 돌리듯 행복을 전해주는 이 시대의 메신저 장광혁님. 선생님의 상대에 따라 맞춤형으로 지어주는 행복의 옷은 천의무봉(天依無縫)이라 바느질이 없습니다. –이순화(디자이너)

• 그는 섣달 그믐날 칠흑같은 바다에 봉황을 날리고, 전남 장흥 탐진강에서 청룡 · 황룡이 솟구쳐 나와 심청이 안숙선 명창를 연꽃으로 모셔가는 천재 연출자이다. 처음 만난 요조숙녀를 20초 안에 뒤집어 놓는 유머 솜씨는 또 어떻고. –김복희(주 · 성웅 대표이사)

유머로 맞짱떠야 할 본원적 대상은 바로 나 자신이다. 내가 즐겁지 않은데 온 지구가 잔치집이 된들 무슨 소용이 있으며, 오대양 육대주가 내 오장육부보다 더 소중하겠는가?

지구 표면의 약 70%가 물인데, 우리 인체는 약 70%의 물로 구성되어 있다. 1년은 12달로 구성되는데, 인체의 근본을 구성하는 척추뼈가 12개이다. 1년은 24절기로 우리 삶을 에워싸고 있는데, 우리 몸의 심장을 에워싸고 있는 갈비뼈가 24개이다. 1년은 365일로 이루어져 있는데, 우리 몸의 뼈마디가 365개이다. 이를 우연이고, 작위적이라고 우기는 사람은 그의 사는 방식대로 살도록 내버려 두면 되고…♪♬(되고 송)

내가 지구요, 우주요, 근본자리이니, 나를 通하지 않고는 진리에 닿을 수 없다.

내가 이 지구별의 공기를 마시고 있기에 기쁨은 물론 괴로움도 있고 고통도 있는 것이니, 옆집 아이의 울음소리, 개 짖는 소리, 극단적으로 말하면 빚쟁이의 독촉소리, 심지어 통증까지 삶의 희열로 느껴야 한다.

약점으로 자신만의 캐릭터를 만들어라

누구에게나 환경적으로 또는 본인 자신만의 약점이 있다.
그리스 신화에 나오는 아킬레우스는 펠레우스와 바다의 여신 테티스 사이에서 태어났다. 테티스가 제우스에게 아킬레우스를 불사조로 만들어달라고 간청을 하자, 제우스는 그러려면 어린 아킬레우스를 바닷물에 담그라고 말한다.
테티스는 아킬레우스의 발목을 잡고 거꾸로 그를 바닷물에 담갔다. 그러나 테티스가 잡고 있던 발목 부분만은 바닷물에 담그지 못해 그곳이 약점이 되었던 것이다.
결국 트로이전쟁에서 이 부분을 독화살에 맞고 전사하였으니, 이후부터 〈아킬레스건〉이 약점을 가리키는 말로 되었다.

이처럼 제아무리 강한 사람에게도, 더구나 우리 같은 범인(凡人)은 누구에게나 약점이 있다. 이를 받아들여 인정하고 유머라는 치장으로 포장해 오히려 약점을 자신만의 캐릭터로 만들어라.
가방끈이 짧든, 키가 작든, 얼굴이 못생겼든, 뱃살이 나왔든, 말을 더듬든, 돈이 없든, 애인이 없든, 일단 현실에 정직하고 그것에서 역발상을 하여 자신만의 캐릭터로 만들어야 한다.

여유에서 유머가 나온다

혹여(或如) 나름 열심히 했는데도 잘못되는 결과가 나오더라도, 이를 더욱 큰 일을 이루게 해 주시려고 배려한 하늘의 깊은 뜻으로 알고 감사하여야 한다.

나를 괴롭히는 모든 스트레스를 즐기고 에너지로 치환(置換)시켜야 한다. 심지어 나이 듦까지도 즐겨라. 눈가 주름은 이성(理性)을 알만한 나이에, 이마 주름은 인생(人生)을 알만한 나이에, 그리고 입가 주름은 천리(天理)를 알만한 나이에 생긴다고 하지 않든가.

우담바라는 여유에서 필지니, 나이 들어 은퇴하더라도 여유롭게 탁족만리류(濯足萬里流)라, 스스로(自) 그러하게(然) 자연으로 돌아갈 수 있어야 한다.

결코 서두르지 마라

제임스 조이스는 〈율리시즈〉에서 단 하루 벌어진 일을 쓰는 데 8년이 걸렸고, 마가렛 미첼은 〈바람과 함께 사라지다〉를 집필하기 위해 자료를 수집하는 데만 20년이 걸렸다. 누가 이들에게 게으르다고 돌을 던지랴?

여유를 갖고 유머를 심장처럼 지니고 즐기며 살아라.

인간은 100년을 사는 것이 아니라 우주 탄생과 같은 35억년을 사는 것이다. 천지창조가 자궁에서 일어나는 것이니, 어머니의 양수는 바다의 염분 농도와 같다. 태어나서 기는 것은 벌레의 행태로 시작되는 것이며, 어려서 매달리기 좋아하는 시기는 침팬지 단계이다. 성인이 되어 걷다가 이제 그만 자연으로 다시 돌아갈 때가 되면 노인의 앉은 모양새가 태아처럼 웅크리는 것도, 또 자리에 눕는 것도 처음 태어날 때처럼 온몸이 땅과의 접촉면을 가장 넓히는 자세이니, 다 자연의 이치이다.

내가 우울하면 곧 우주가 우울한 것이다

마음의 감기라는 우울증은 뇌세포에서 생산되는 행복감을 느끼게 해주는 세로토닌, 엔도르핀, 멜라토닌, CCK, 도파민 그리고 옥시토신 호르몬이 제대로 분비되지 않는 데서 오는 질환이다. 그런데 웃으면 이들 호르몬의 분비가 왕성해진다.

아침에 눈을 뜨거든 새로 태어난 것처럼 즐거워하라. 사실 자다가 눈을 뜨지 못하면 그것이 죽음이니, 우리는 아침에 눈이 뜨이는 것을 감사해야 한다. 그리 생각하면 싱글벙글 웃으며 일어날 수밖에. 출근하면서 만원 지하철에서 발이 밟히더라도 이것을 살아 있음의 증거로 생각하고 즐거워하라. 항상 중얼거려라.

"나는 참 행복한 놈이다"라고.
누가 썰렁한 유머를 하더라도 때는 이 때다 하고 배를 잡고 웃어라. 개그콘서트의 '조선왕조 부록'에서 "나 잇몸 나온 여자야"를 외치며 "하하하하하하!" 호탕하게 웃으며 온몸으로 느낌표(!)를 찍는 개그우먼 박지선처럼 말이다.

항상 즐거운 마음이 깃든 웃는 얼굴, 낮은 곳으로 임하는 겸손한 자신감, 여기에 제철에 나는 음식을 골고루 섭취하고, 자신에게 알맞은 운동을 곁들인다면 소우주인 내 몸은 행복으로 충만해진다. 내가 있는 곳이 어디든 바로 이곳이 천국이요, 극락이요, 진리에 닿는 곳이다.

제아무리 머리 좋은 사람도 열심히 하는 사람을 따라갈 수 없고, 아무리 열심히 하는 사람도 좋아서 하는 사람은 따라갈 수 없는 법이다.
어떤 일이든 필연으로, 긍정적으로 받아들이고 좋아서 안 하고는 못 배기겠다는 듯 신이 나서 행하라. '신나라'는 신(神)의 나라이다. 어떤 환경에서든, 어떤 상황에서든 일의 중심자리에 서서 주인이 되어 자신을 마음껏 높여라.

그러나 나를 높이려거든 먼저 나를 아주 낮추어야 함을 잊어서는 안 된다. 널뛰기에서 나의 몸을 낮출수록 상대는 높이 창공을 가르고, 그가 널판자에 발이 닿는 순간 나는 더 높이 비상할지니.

어느 자리든 내가 있음에 그 자리가 있는 것이다

설사 조해일의 소설 〈매일 죽는 사람〉의 엑스트라 역을 맡아 매일 죽으러 밥을 먹고 촬영장에 나가더라도 그 역할만큼은 내가 주인공이다.

항상 긍정적이고 적극적인 마인드로 나를 중심 자리로 생각하라.

어느 자리든 내가 주인이 되어, 그러나 상대가 누구든

오늘 아니면 다시는 못 볼 사람처럼 칭찬하며 극진히 섬겨라.

이처럼 나를 사랑하는 것이 곧 상대를 섬기는 일임은 여유가,

곧 유머가 있는 사람만이 가능한 일이다.

유머를 하는 사람에게는 쓰나미 같은 불황의 여신도 감히 범접하지 못한다.

자! 짜증과 맞짱 한 번 떠 보자!

유머로 여론의 화살과 맞짱뜨기

• 그의 유머는 의표를 찔려도 뒤끝이 깔끔한 맛이 감도는 프랑스식 고급 유머이다. 대화를 나누다보면 동서고금을 넘나드는 그의 해박한 지식에 혀를 내두르게 된다. —김신환(한국성악가협회 회장 · 전 세종문화회관 사장)

• 웃음이 장수의 비결이니 만병통치약이니 해서 어떻게든 웃어보려 애를 써도 도무지 웃을 일이 없다. 그래도 우리는 한 사나이 앞에 가면 잠시 무거운 근심의 짐을 내려놓고 마냥 깔깔대며 웃을 수 있다. 그 사나이가 바로 웃음의 전도사 장광혁이다. 웃으면 눈이 없어지는 남자, 재주가 많아 마당발인 남자, 매번 손해만 보면서도 누구에게든지 뭔가를 주고 싶어서 안달하는 남자, 그의 웃음보따리에 은근히 기대가 된다. 배꼽을 잡고 눈물을 질질 흘리며 실컷 한번 웃어보고 싶다. —노수민(소설가)

정치란 나라를 다스리는 일, 또는 국가 권력의 획득 · 유지 · 행사를 위한 투쟁이나 조정 등의 여러 현상을 말한다. 정치라는 말은 고대 그리스의 도시국가인 폴리스에서 파생된 폴리테이아(*politeia*)와 그 관련어에서 유래하는데, 본래 영어의 politics는 도당(徒黨) 등 좋지 않은 의미로 사용되었으며, 오늘날까지 *politician*하면 정치꾼의 뜻으로, 정치가인 *statesman*과 구별된다.

그런데 우리나라 정치인들은 *politician*만 있고 *statesman*은 드물다. 험구가 정치인의 능력인 양 상대방에 대해 온갖 독설을 다 퍼붓는다. 유머는 포용과 여유의 산물일진대, 우리나라의 저급 정치문화는 유머 없는 정치의 산물이다. 왜 각 분야에서 가장 우수한 인재가 정치권에만 입성하면 바보가 되는가? 여유가 없는 정치문화, 포용이 없는 정치문화, 곧 유머가 없는 정치문화의 장(場)이 그 원인이다.

그나마 정부 수립 환갑(60주년)이 되는 해, 이명박 정부의 첫 내각을 비판한 통합민주당 논평이 유머스러워 다행이다.

"이 내각은 고소영을 넘어 고소영 S라인이다."

고려대 출신에, 소망교회 신자에, 영남 출신에, 거기에 서울 시청 출신이 많은 것을 빗댄 유머이다.

"이 내각은 강부자 내각이다."

강남의 부자가 많은 것을 빗댄 유머이다.

"이 내각은 강금실 내각이다."

강남에 금싸라기 땅을 실제 보유한 장관들이 많다는 것을 빗댄 유머이다.

또 부자유친(父子有親), 부부유별(夫婦有別)이 아닌,

부자이친(富者李親), 부부유별(否富有別)이라, 곧

"부자는 이명박 대통령과 친하고, 부자가 아니면 구별을 한다."

고 비평하였다.

사람들은 예수께서 "약대〈낙타〉가 바늘귀로 들어가는 것이 부자가 하느님의 나라에 들어가는 것보다 쉬우리니."(마태복음 19:14, 마가복음 10:15)라 하신 말씀을 들어, 부유함을 죄악시하신 것으로 이해하고 있으나, 이는 잘못이다. (이 때 약대는 로프의 오역이라는 설도 있음.)

"부귀가 내게 있고, 장구한 재물과 의도 그러하니라."(잠언 8:18)
"여호와께서 복을 주시므로 사람으로 부하게 하시고…"(잠언 10:22)
"유덕한 여자는 존경을 얻고 근면한 남자는 재물을 얻느니라."
(잠언 11:16)
"겸손과 여호와를 경외함의 보응은 재물과 영광과 생명이어라."
(잠언22:4)

이처럼 예수께는 부유함을 비난하신 것이 아니라, 부유함이 지니는 위험성을 경고하신 것이다. 부자는 유혹에 빠지기 쉽고, 죄를 짓기 쉬우므로 가난한 자보다 천국에 들어가기가 힘드니, 조심하라는 말씀이다.

"이번 총선 공천은 명계남 공천이다."

이명박 대통령 계열만 남은 공천이라는 유머이다.

방미시 반기문 유엔 사무총장을 가리키며,

"이 분은 1년 전만해도 한국의 외무부에서 잘려서 구직을 위해 세계 각국을 떠돌아다니다 얼마 전 UN에 취직한 분입니다."

축산 농가의 축사에 비상구 표지를 부착하도록 한 규정을 예로 들면서,

"아니, 비상구 표지를 붙였다고 불이 나면 소가 이걸 보고 대

피합니까?"

이런 이명박 대통령의 수준 높은 유머가 우리나라 정치 수준을 한 단계 업그레이드 시켰으면 하는 바램이다.

이명박 대통령 영부인 김윤옥 여사는 비서관 동부인 모임에서 부인들에게,

"성경에 남자는 흙으로 빚었고, 여자는 남자의 갈비뼈로 만들었으니, 남자는 토기고 여자는 본차이나입니다. 토기는 떨어지면 깨지지만 본차이나는 멀쩡합니다. 여성의 강한 내조로 남편을 잘 보살펴 주시기 바랍니다."

고 유머 섞인 당부를 하였다.

2008년 꽃샘추위 때 미국의 뉴욕 필하모니 오케스트라가 북한의 평양 땅에서 신세계 교향곡과 아리랑으로 동토의 왕국에 훈훈한 꽃바람을 불어넣었다.

한국계 뉴욕필 부악장 〈미셸 김〉이 전하는 유머 한마디.

"생수병을 보니 '97년이라고 적혀 있는 거예요. 깜짝 놀라서 10년 전에 생산된 생수를 마셔도 되냐고 물으니, 안내원 이야기가 금년이 고 김일성 주석 탄생기준으로 '주체 97년에 생산된 샘물이니 맘 놓고 드시라우요.' 하는 바람에 웃음을 터뜨렸어요."

아! 웃고 있어도 눈물이 난다~♪♪
이처럼 눈물 나는 유머도 있는 것이다.

바로 그 날 저녁 평양에서는 바그너의 로엔그린 3막 서곡이 연주되었다. 사상 첫 서양 교향악단의 평양 연주인만큼 선곡에는 나름대로 의미가 있었을 것.
이 오페라의 여주인공 엘자는 '내가 누구인지, 어디서 왔는지 묻지 말라' 는 로엔그린의 경고를 무시하고 첫날밤 '당신은 누구냐' 고 묻는다. 그 결과, 로엔그린은 하늘나라로 떠나고… 엘자는 그의 이름을 부르며 죽음을 맞이한다. 더구나 이 곡은 숱하게 정치적 구설수에 휘말린 바그너의 작품이다.
아마도 뉴욕 필의 로엔그린 3막 서곡 연주는 평양을 향한,
'이념을 묻어두자'
'과거는 묻지 말자' 는 메시지였을 터…

이제 정치 유머의 세계로 빠져 보자!

의사와 건축가와 정치인이 서로 자기 직업이 가장 오래된 직업이라고 우겨댔다.

의 사 : 창세기 2장 21절, 22절에 의하면 '여호와 하나님이 아담을 깊이 잠들게 하시니 잠들매 그가 갈빗대 하나를 취하고 살로 대신 채우시고, 여호와 하나님이 아담에게서 취하신 그 갈빗대로 여자를 만드시고' 라는 구절만 보더라도 의사가 가장 오래된 직업이오.

건축가 : 무슨 말씀이요? 창세기 1장 1절, 2절에 '태초에 하나님이 천지를 창조하시니라. 땅이 혼돈하고 공허하며' 하셨으니, 혼돈상태에서 천지를 창조한 것이 건축이 아니고 무엇이오.

정치가 : 어허! 하나만 알고 둘은 모르는 두 양반들, 그러면 항상 세상을 혼돈상태에 빠뜨린 사람이 누구라고 생각하오?

그렇다. 지구별을 혼돈에 빠뜨리는 사람은 늘 정치인이었다.

헤밍웨이가 강연을 하러 시카고행 비행기를 타려 하는데, 상원의원 한 분이 중요한 일이 생겨 급하다며 공항 측에 압력을 넣어 마침 마지막으로 예약한 헤밍웨이의 좌석을 양보하도록 만들었다. 헤밍웨이는 할 수 없이 시카고행을 포기할 수밖에 없었다.

그런데 상원의원의 중요한 일이란 헤밍웨이의 강연을 들으려는 것이었다.

카자흐스탄 바이코누르 우주기지에서 유인 화성 탐사선 우주인 지망자를 공모했다. 이 우주선은 화성 탐사가 처음이라서 1인승이며 지구로 귀환할 확률이 높지않은 위험한 프로젝트였다. 그래서 나사에서는 응모자에게 용도와 함께 대가를 제시하도록 하였다.

첫 지원자는 공학도였다.

"1000만 달러를 주십시오. 대한민국의 기초과학 분야 연구비로 기부하겠습니다."

두 번째 지원자는 의사였다.

"2000만 달러를 주십시오. 1000만 달러는 정해복지법인 부설 한신메디피아 건강검진센터에 기부하여 저개발 국가 의료지원에 쓰고, 1000만 달러는 가족들 생활비로 쓰겠습니다."

세 번째 지원자는 정치인이었다.

"3000만 달러를 주십시오. 1000만 달러는 당신이 갖고, 1000만 달러는 내가 챙기고, 1000만 달러로는 공학도를 화성에 보내는 데 쓰겠습니다."

바이코누드 우주기지는 한국 최초의 우주인 이소연(백업맴버 고산) 씨가 탑승했던 소유즈 우주선이 발사된 가가린 발사대가 있는 곳이다.

어느 독재자 대통령이 안달을 내서 자신의 초상화 기념우표를 만들었는데 팔리지 않자, 비서실장에게 그 이유를 물었다.
비서실장이 난감해 하며 "우표가 잘 붙지 않아서"라고 우물쭈물 답변하자, 각하께서 직접 침칠을 해보니 잘 붙는 것이 아닌가? 잘 붙는데 어째서 고객들은 안 붙는다고 하느냐고 묻자, 그제서야

"국민들이 모두 우표 앞면에 침을 바르던데요."

정치인의 목적이 오로지 공천이고 당선이다 보니 민의와는 거리가 먼 근시안적 처신을 하게 되는 것이다.

인간이 할 수 있는 일을 하는 사람을 보통사람이라 한다.
인간이 할 수 없는 일을 하는 사람은 기업인이라 한다.
인간이 해서는 안 되는 일을 하는 사람을 정치인이라 한다.

18대 총선, 전 여당 소속 의원 138명이 헤쳐모여 야당을 탈당한 5명과 함께 143명의 현역의원으로 외우기도 힘든 긴 이름의 신당을 만든 일이 있었다. 그러자 상대당인 당시 야당은 축하메시지가 아니라, 위장 신당 개업, 예비군 정당, 도루묵 정당이라고 헐뜯었다.

여기서 도루묵에 관한 역사 유머 하나 짚고 넘어가자.

국립수산과학원이 펴낸 「수변정담(水邊情談)」에 의하면 조선조 선조가 함경도로 피난 가서 목어(木魚)라는 은빛 나는 생선을 너무 맛있게 드시고 이 생선에 은어(銀魚)라는 이름을 내리신 뒤 환궁하여 입맛이 없어 이 생선을 다시 찾으니 맛대가리가 없었다.

하기야 피난시절에는 시장이 반찬인데, 환궁 후 산해진미를 맛보시다가 은어를 먹어보니 별로였던 게다. 그래서 임금님은 이 생선을 어찌했든 '도로 목어(木魚)'로 부르라 명하시어, 이 일화가 입에서 입으로 전해지다 보니, 도로 목은 발음하기 편한 도루묵으로 변했고, 도루묵은 다시 본래의 상태로 돌아가 버리는 것을 칭하는 말이 되었다.

그러나 조재삼이 지은 「송남잡지(松南雜識)」나 정조 때 이의봉이 지은 「고금석림(古今釋林)」을 보면 도루묵에 관한 일화가 고려시대의 일로 기록되어 있으니, 이 어원(語源) 자체가 '말짱 도루묵'이 아닌가 모르겠다.

그런데 도루묵 소리를 들을 만도 한 국회의원이 계셨으니 당시 모(某)의원은 이리저리 정당을 옮기다 보니 자신이 현재 어느 당에 소속해 있는 줄도 모르고 엉뚱한 당에 탈당계를 제출하여 그 당으로부터 항의를 받았으며, 모 대표의원은 한 달에 한 번씩 몇 번에 걸쳐 당을 옮겨 '철새'에서 '달새'로 승진되었다는 것이 한국 정치판의 썰렁한 유머이다.

정치인의 유머가 그리운 대한민국에 앞서, 미국 정치인들의 여유 있는 유머 정치를 우선 맛보기로 한다.

힐러리가 당시 대통령이었던 클린턴과 차를 타고 가다가 주유소에 들렀는데 그곳에서 일을 하고 있는 힐러리의 옛 남자친구를 만났다.

클린턴 : 당신이 저 친구와 결혼을 했다면 지금의 당신은 주유소 직원의 아내가 되었겠군.

힐러리 : 아니죠. 저 사람이 대통령이 되었겠죠.

이미지 설계전문가 이종선의 저서 제목처럼 힐러리의 '따뜻한 카리스마' 가 돋보이는 유머다.

링컨 대통령이 젊은 시절 하원의원에 출마했을 때 합동 정견 발표회에서 있었던 일이다.

라이벌 후보 : 여러분 천당 가고 싶은 사람은 손들어 보세요.

(모두 손을 드는데 링컨만 잘 못 알아듣고 가만히 있었다.)

라이벌 후보 : (때는 이때다 하여) 링컨, 당신은 지옥에 가고 싶소?

링컨 : 나는 천당도 지옥도 가고 싶지 않소. 다만 의사당으로 가고 싶소.

(이번에는 링컨의 연설 순서였다.)

링컨 : 상대 후보는 피뢰침까지 달린 호화 저택에서 살고 있습니다. 그러나 저는 벼락을 무서워할 정도로 죄를 많이 짓지는 않았습니다.

캘빈 쿨리지 대통령이 휴가차 농장에 들렀다. 영부인이 농장주인에게 물었다.

영부인 : 수탉은 하루에 몇 번이나 교미를 합니까?

농장주인 : 열 번도 더하지요.

영부인 : (대통령을 쳐다보며 씩 웃고는) 일 년에 열 번이 아니고요?

대통령 : 그러면 그 수탉은 매번 같은 암탉하고만 교미를 합니까?

농장주인 : 아니죠, 교미를 할 때마다 암탉 파트너가 바뀝니다.

대통령 : (영부인을 쳐다보며 씩 웃는다)

아이젠하워 대통령이 정계은퇴 후 한 컨트리클럽에서 골프를 쳤을 때의 일이다.

캐디 : 각하, 백악관을 떠나신 후 달라진 것이 있습니까?

아이젠하워 : 있어. 내기 골프에서 나한테 이기는 사람이 많이 생겼어.

임어당(林語堂)의 말처럼 유머는 그윽하고 은근할수록 묘미가 넘치는 법이다.

1960년 미국 민주당 대통령 후보 선출전에서 존 F 케네디와 각축전을 벌이던 린든 베인스 존슨(*Lyndon Baines Johnson*)은 후보 선출에 패한 후 깨끗이 승복하고 부통령 후보직을 제의받자 이를 수락

했다.

그는 자기 이름 이니셜이 새겨진 *LBJ* 선거홍보 뱃지를 가리키며 기자들에게 말했다.

"LBJ는 이제 더 이상 Lyndon Baines Johnson의 약자가 아닙니다. 이제부터는 Let's Back Jack, 즉 잭(케네디의 애칭)을 지원하자는 의지입니다."

또 1984년 미국 대선TV토론에서 먼데일 후보는 경쟁자인 레이건 대통령의 고령을 문제 삼아,

먼데일 : 대통령의 연세를 어떻게 생각하십니까?

레이건 : 이번 선거에서 나이를 문제 삼지는 않겠습니다.

먼데일 : (득의만면한 얼굴로) 그게 무슨 뜻입니까?

레이건 : 당신이 너무 젊고 경험이 없다는 사실을 정치적으로 이용하지 않겠다는 것이오.

2007년 작고한 레이건 미 대통령은 위급상황에서도 여유 있는 유머로 국민을 안심시키는 마력을 지녔다.

그는 재직 중 힝클리로부터 저격을 받아 수술대에 올랐다. 근심어린 표정으로 그를 내려다보는 젊은 여 간호사에게 윙크를 하며 말했다.

"낸시는 내가 윙크 하는 걸 눈치 챘을까"

드디어 수술실에 들어가 집도진이 주위를 에워싸자

"당신들은 물론 모두 공화당원이겠지?"

수술실에서 집도진 모두가 활짝 웃었음은 물론, 주치의가 말했다.

"각하, 최소한 오늘만은 우리 모두가 공화당원입니다."

수술 후 부인 낸시 여사가 회복실에 들어서자 마취에서 깨어난 레이건이 조크를 던졌다.

"여보, 총알이 날아올 때 살짝 피하는 걸 깜빡 잊었소. 내가 영화배우일 때는 참 잘했는데 말이오."

한 번은 국무회의 도중 깜빡 졸고 있는 레이건 사진을 게재하고 언론이 비난을 퍼붓자,

"저는 각료들에게 회의 중이라도 비상사태가 발생하면 반드시 깨우라는 명령을 내렸으니 안심하십시오."

레이건 대통령이 한번은 기자회견 도중 한 기자의 무례한 질문에 흥분을 억제하지 못하고, *'Son of Bitch'* 라는 욕설을 퍼부은 적이 있었다. 이에 분개한 그 기자는 *SOB*라고 새겨진 T셔츠를 그에게 선물했다. 물론 레이건의 욕설에 대한 항의 표시였다.

T셔츠를 받아본 레이건이 말했다.

"SOB··· Saving of Budgee(예산절감)!

당신의 충언을 깊이 새기겠습니다."

케네디 대통령의 동생 로버트 케네디 상원의원의 재산문제가 이슈화 되었을 때이다. 신문에 케네디 가(家)의 사치행각을 비난하는 신문기사가 실렸다.

"로버트 케네디 상원의원 여동생의 결혼식은 그의 아버지 조셉 케네디가 결혼비용으로 무려 100만 달러의 거금을 들인 초호화 결혼식이었다. 이 사실을 조셉 케네디가 운영하는 회사의 간부직원 중 한 사람이 웃으면서 알려주었다."는 내용이었다.

기사가 나간 다음 여러 신문사 기자들이 로버트 케네디 상원의원에게 사실 여부를 묻자,

"확인한 결과 사실무근으로 밝혀졌습니다. 왜냐하면 조셉 케네디 회사 간부직원 중에는 웃는 직원이 한 사람도 없었거든요."

다시 카메라를 카터대통령 집권 당시인 1980년 미국 대통령선거유세장으로 돌려 본다. 당시 미국은 현재 우리나라처럼 경제가 침체에 빠져 있을 때였다.

레이건 후보는 카터 대통령 다음으로 연단에 섰다.

"미국 경제를 판단하는 지표는 세 가지입니다.

첫째, 경기침체는 이웃이 실직했을 때이고

둘째, 경기불황은 내가 실직했을 때이고

"셋째, 경기회복은 카터가 물러났을 때입니다."

이 연설을 들은 카터의 표정은 영화 '25시' 마지막 장면에 클로즈업된 안소니 퀸의 울지도 웃지도 못하는 그 표정 그대로였으리라. 지미 카터는 재임기간 중 가장 치적이 없는 대통령으로 평가되었다. 그러나 그게 끝이 아니었다. 카터는 물러나서 〈해비타트 : *Habitat*〉봉사를 통해 오히려 온 국민의 존경을 받았다. 뙤약볕 아래서 아프리카의 집 없는 사람들의 집을 지어 주기 위해 지붕 위에서 망치를 두드리는 그는 미국의 양심 그 자체였다. 언제나 우리도 이런 자랑스러운 전직 대통령을 가져 볼까.

미국에서 또 한 분 인기 없는 대통령이 포드였다. 그는 취임 전부터 무색무취한 개성으로 인해 언론의 비판을 받아왔다. 이를 의식한 포드의 취임연설문 첫 구절을 들어 보자.

"나는 링컨이 아니라 포드입니다."

고급 승용차인 「링컨」이 아니라 일반 대중이 타는 「포드」라는 뜻으로 자신의 이름을 승용차에 빗댄 절묘한 유머 구사로 언론의 비난을 한마디로 무력화시켰다.

다음은 말 실수 많은 조지 W 부시 대통령편이다.
부시 대통령이 새벽 조깅을 위해 정원을 나서니 밤새 흰눈이 쌓였는데 누군가 오줌으로 눈밭에 '부시, 나쁜 놈' 이라고 써 놓은 게 아닌가.

*FBI*에 수사를 의뢰하자 그 오줌은 다름 아닌 체니 부통령의 것으로 밝혀졌다.

부시 : 체니의 짓이란 말이지!

FBI**국장** : 아닙니다. 각하! 필체는 부시 로라 영부인의 것입니다.

2008년 5월 부시의 지지율이 미대통령 역사상 최하치인 28%를 기록하고, 백악관 기자단 연례 만찬에 초청을 받은 공화민주당 유력 대선 후보자들이 아무도 참석하지 않자, 부시가 한 자학(自虐) 유머 존 매케인(*McCain*) 공화당 상원의원이 허리케인 '카트리나' 재난에 대한 부시 행정부의 부적절한 대응을 비판한 점과, 부시의 딸 제나(*Jenna*)가 결혼한 점을 빗대어 한 유머이다.

"존 매케인은 나와 거리를 두고 싶어하는 모양이야.
하긴, 제나도 가출한 걸 보면…"

또 힐러리 클린턴(*Clinten*) 유세 중 퍼스트레이디 시절 저격을 뚫고 보스니아의 공항에 내렸다고 거짓말을 했다가 구설수에 오르고, 버락 오바마(*Obama*)도 다니는 교회 담임목사의 과거 '빌어먹을 미국' 이란 설교 탓에 곤욕을 치룬 것을 빗대어 한 유머로,

"힐러리 클린턴은 저격수들 탓에 만찬장에 못 들어왔고,
오바마는 교회에 갔나 보다."

는 조크를 던졌다.

이번에는 정치 선진국 영국으로 한번 가 봅시다.

의사당 화장실에서 처칠은 노동당 당수와 마주치자 멀찌감치 떨어진 변기로 가서 소변을 보는 것이었다.

노동당 당수 : (씩 웃으며) 아니 처칠 경, 왜 멀리가서 물건을 가리고 일을 봅니까?

처 칠 : 당신은 큰 것만 보면 국유화 하자고 조르지 않소?

이번에도 영국 정치 유머인데, 과연 독설과 유머 중 어느 편이 위력을 발휘하는지 살펴보기 좋은 모델케이스이다.

영국 최초의 여성의원인 애스터 여사는 독설로 정평이 나 있었다. 그러던 그녀가 벼르고 벼르다가 윈스턴 처칠 경에게 한방 날렸다.

"존경하는 처칠 경, 내가 만일 당신 와이프였다면 당신 커피에 독을 탔을 거예요."

처칠 경은 싱긋 웃으며 되받아쳤다.

"존경하는 애스터 여사, 내가 만일 당신 남편이었다면, 즉시 그 커피를 마셔 버렸을거요."

이번에는 처칠이 정계에 갓 입문해 하원의원 선거에 출마했을 때 합동정견 발표장에서의 일이다.

라이벌 후보 : 처칠은 아침에 일찍 일어나지를 못한다고 합니다. 이런 게으른 사람이 어떻게 지역주민을 대표할 수 있겠습니까?

처 칠 : 당신도 나처럼 아름다운 아내와 함께 산다면 아침에 일찍 일어나지 못할게요.

독설은 상대방의 살을 파고든다. 그러나 유머는 상대방을 삼켜버린다. 이것이 유머의 포용력이다.

가깝고도 먼 나라 일본의 유머정치를 보면, 왜 우리가 일본에 대해서 공연히 우월함을 느끼면서도 일본이 얄밉게도 우리나라보다 한 발 앞서가는 선진국인지를 새삼 느끼게 한다.

일본 국회에서 2차대전 때 있었던 일이다. 당시 외상은 마츠오카 요시케라는 사람이었는데, 눈 한 쪽을 잃은 그를 향해 한 야당의원이 비아냥거렸다.

"당신은 한 쪽 눈이 없는데 그래서야 외상으로서 이 복잡한 국제정세를 제대로 볼 수나 있겠소?"

이에 마츠오카가 빙긋이 웃으며 말했다.

"당신은 일목요연(一目瞭然)이란 말도 모르오?"

장애인에 대한 명백한 명예훼손 발언이었으니, 우리나라 같으면 온 나라가 벌집 쑤셔놓은 것처럼 되었을 것이다. 그러나 마츠오카 외상은 점잖게 유머 한방으로 상대방을 넉 다운시켰다.

대통령이 국립정신병원을 시찰하는데, 환자들이 '우리나라 대통령 만세!!' 를 외치며 환호하고 있었다. 그런데 환자 하나만 멀뚱멀뚱 쳐다보고 있는 것이었다. 대통령이 하도 이상해서 병원장에게 물었다.

"저 환자는 증상이 심각한가 보지요?"

병원장은 단호하게,

"아닙니다, 각하! 저 환자만 상태가 호전되어 정상상태입니다."

"누군가 망상에 시달리면 정신병이라고 한다. 그리고 다수가 망상에 시달리면 종교라고 한다"든가. 이는 '이기적 유전자'를 주장한 진화생물학자 〈리처드 도킨스〉가 지은 '만들어진 신'(김영사, 이한음 옮김) 첫 대목에 나오는 말이다.

'대통령은 거짓말쟁이'라는 피켓을 들고 전국을 순회한 자가 체포되어 법정에서 두 개 죄목의 경합범으로 처벌되었다.

국가원수모독죄로 2년

국가기밀누설죄로 8년

우리나라처럼 정치인을 비난하면서도 또 정치인이 되기 위해 줄을 서는 지망생들이 많은 나라도 없다. 학자의 지조도, 시민운동가의 명예도, 법조인의 양심도 오로지 국회의원이 될 수만 있다면 헌신짝처럼 내팽개친다. 이런 부류의 인사들은 정치인이 되기 위해 우선 정치를 비판하고 정치인을 희화시킨다. 그러다가 자신이 매스컴 등의 관심을 끌게 되면 정치인이 되기 위해 발벗고 나서는 것이다.

정치인을 희화한 골프장 유머 하나를 소개한다.

비 오는 날, 정치인들이 골프를 치다가 벼락에 맞아 모두 천당으로 가셨다.

하느님 : (신기하다는 듯) 너희들은 벼락을 맞았는데 어떻게 하나같이 활짝 웃으면서 죽었느냐?

정치인들 : 예, 갑자기 번쩍! 하길래 기자들 카메라 플래시인 줄 알고요.

골프장과 관련된 유머 하나 추가!
5공화국 때의 일이다. 당시는 대통령의 권한이 무소불위(無所不爲)여서 3권 분립이 침해당하던 시절이었다. K대법원장께서 모 골프장에 도착했을 때 캐디가 하는 말 좀 들어보소!

"대법원 장관님 어서 오십시오."

글쎄, 뭘 알고 한 소리인지…

우리나라 정치인으로는 정두언 의원이 발군의 유머 감각을 뽐낸다. 평소 의원 배지를 달고 다니지 않는 정의원에게 국회출입기자가 그 이유를 묻자

"이 세상에는 5대 난제가 있습니다.
첫째는 김치없이 라면 먹기이고,
둘째는 소금없이 삶은 계란 먹기이며,
셋째는 리모콘 없이 TV보기이고,
넷째는 여자 셋이 모여 아무 얘기 안 하기이며,

가장 어려운 일은 정치인을 존경하는 것입니다.
그런데 왜 제가 국회의원 배지를 달고 다닙니까?"

선진국 정상들과 함께 한 노무현 전 대통령의 한 때 인터넷상에 떠돌아다니던 유머 하나를 소개한다.

부시 미국 대통령이 일본의 아베 신조 수상과 대한민국의 노무현 대통령을 백악관으로 초대했다. 때는 녹음방초(綠陰芳草) 우거진 계절의 여왕 5월이라 백악관뜰에 장미꽃과 튤립이 진저리치게 피어 있었다. 흐드러진 꽃들의 향연에,

부 시 : 원더풀!

(아베도 뒤질세라)

아 베 : 뷰티풀!

(노무현 대통령께서도 '뭔~풀'을 하기는 해야 하겠는데… 고민하다가 화들짝 생각이 났다.)

노무현 : 쌍꺼풀!

사실 봉하마을에서 자전거에 손녀딸 유모차를 매달고 유유자적 다니시는 노무현 전 대통령처럼 국민과 언론, 그리고 여론의 사랑과 미움을 한몸에 받은 분도 드물다. 그러나 국가원수의 공과는 역사가 판단할 문제이고 이것은 어디까지나 유머로 읽어주시기 바란다.

다음은 미우나 고우나 그 놈의 우리 헌법상으로는 북괴의 수괴라 표

현해야 적법하나, 국방위원장으로 불리는 김정일에 관한 유머다.

남북정상회담 당시 김정일은 이희호 여사를 김대중 대통령 옆자리로 안내하며,

"여기까지 오셔서 이산가족이 될 게 뭐있습네까?"

라는 의외의 조크를 던져 긴장된 분위기를 누그러뜨렸다.

당시 김대중 대통령의 평양 방문 답방 형식으로 김정일이 서울을 방문하기로 약속해 놓고는, 서울이 요새화되어 있기 때문에 올 수 없다고 억지를 부렸단다. 즉,

첫째, 가정마다 핵가족이 되었기 때문이고

둘째, 간판마다 부대찌개 가게가 있기 때문이며

셋째, 골목마다 대포집이 많기 때문이고

넷째, 거리마다 총알택시가 많기 때문이란다.

1970년대 남북회담 때의 일이다. 북측 대표가 서울 거리를 보고는 빈정댔다.

북측대표 : 어디서 저 많은 차량들을 동원했습네까? 수고들 많으셨겠수다.

이범석 : (아웅산 사건 때 순직한 당시 외무장관) 힘들다 마다요. 바퀴 달린 것들은 동원하기가 그나마 힘이 덜 들었는데, 고층 건물들을 옮기는 일은 정말 힘들었습니다.

중국 네티즌 사이에 화제가 되고 있는 곱씹을수록 눈물나는 김정일 유머시리즈로, *The Daily NK*에 게재되고 문화일보 인터넷 유머에 전재된 것을 조금 손을 봐서 소개한다.

– 시리즈 1

북한 집단농장원 김웅평씨가 실한 물고기 한 마리를 잡았다.

김웅평 : 여보, 이걸루다 튀김을 해 먹자우.

아 내 : 기름이 있어야지요.

김웅평 : 그럼 찜 쪄 먹자우.

아 내 : 솥이 있어야지요.

김웅평 : 그럼 구워 먹자우.

아 내 : 땔감이 있어야지요.

화가 머리끝까지 치민 김웅평씨는 물고기를 도로 강에 던져 놓아주었다. 살아난 물고기는 기쁨에 몸을 비틀며 펄떡이더니 흥분된 목소리로 외쳤다.

"김정일 장군님 만세!"

– 시리즈 2

영국인과 프랑스인 그리고 북한 사람이 행복한 순간에 대해 이야기하고 있었다.

영국인 : 겨울밤 가족과 함께 벽난로에 둘러 앉아 밖에 눈내리는 광경을 보고 있을 때가 제일 행복합니다.

프랑스인 : 씰데(쓸데)없는 소리! 부인 모르게 애인과 카리브해에서 정열적인 사랑을 나누고 돌아오는 길에 서로를 위해 깨끗이 헤어질 때 짜릿한 행복을 느끼지.

북한 사람 : 한밤중에 문 두드리는 소리에 놀라 나가보니, "김용남, 당신을 체포한다."라고 국가보위원이 말하는데, 김용남은 옆집 사람이거든. 그 때 생의 희열을 느낍니다.

– 시리즈 3

루브르 박물관에 있는 아담과 이브를 관람하던 중,

영국인 : 남자가 맛있는 것이 있으면 여자와 나눠먹으려 하는 것을 보니, 이들은 영국인입니다.

프랑스인 : 누드로 산책을 나온 걸 보니, 이들은 프랑스인입니다.

북한 사람 : 옷도 없고 먹을 것도 없는데 자신들은 천당에 있다고 생각하는 모양이니, 이들은 확실히 북조선인 입네다.

– 시리즈 4

평양 지하철에서 두 사람이 대화를 나누고 있었다.

"동무는 혹시 노동당에서 일하고 계십네까?"

"아닌데요."

"그럼 그 전에는요?"

"그런 일 없시요."

"그럼 혹시 친인척 중에서 노동당에서 일하고 계신 분이 계십네까?"

"전혀 없습네다."

"종간나 새끼! 그럼 밟고 있는 이 발 치우라우!"

– 시리즈 5

김정일 동지께서 돼지사육 집단농장에 현장지도를 가셨다가 돼지들을 배경으로 기념사진을 찍었다. 노동신문 편집국에서는 사진 타이틀을 어떻게 뽑을까 난리가 났다.

1안 : 김정일 동지 돼지와 함께 계시다.

(이거 뭔가 이상한데?)

2안 : 돼지가 김정일 동지와 함께 있다.

(이것도 불경스러운데…)

난산 끝에 드디어 신문이 나왔다.

"왼쪽으로부터 세 번째 분이 김정일 동지시다."

– 시리즈 6

김정일과 푸틴이 경호원 충성심 내기를 했다. 먼저 푸틴이 근접 경호원 한 명에게 33층 방 창문에서 뛰어내리라고 명령했다.

그 경호원은 울먹이며 "저에게는 아내와 자식이 있습니다."하고 사정을 하자, 오히려 푸틴이 미안하다고 사과를 하는 것이었다.
이번에는 김정일이 경호원 한 명에게 뛰어내리라고 명령을 하자, 그 경호원은 즉시 33층 방 창문에서 정말로 뛰어내리려 하는 것이었다. 푸틴이 간신히 말리자, 경호원이 발버둥을 치며 외치는 것이었다.

"날 놓으라우! 내게는 아내와 자식이 있어!"

정해복지재단 한신메디피아 건강검진센터 강대기 이사장님이 북한 개성 관광을 갔다가 박연폭포를 구경하고 산으로 30분 정도 오르면 관음사라는 절이 있다기에, 불자인 그는 힘겹게 산을 올라 대웅전에서 부처님께 3배의 예를 올렸다. 그런데 불전을 올리려다 보니 한국화폐밖에 없어서 머리를 기른 관음사 주지라는 분에게,

"남한 돈을 내도 됩니까?"

하고 물으니, 그분 왈,

"부처님이 조선화폐, 남조선화폐, 달러를 차별해서 받겠습네까? 어떤 돈이든 많이만 내시면 복받습네다."

4자회담이다, 6자회담이다 강대국 사이에 끼여있는 한국의 상황을 비유해 이태식 주미대사의 말이 상징적이다.

"코끼리가 싸워도 피해를 보는 것은 풀이고,

코끼리가 사랑을 나눠도 역시 피해를 보는 것은 풀이다."

유머로 컨슈머의 지갑닫기와 맞짱뜨기

• 장형은 항상 유머러스하고 위트가 있다.
항상 긍정적 사고방식으로 살고 있는 장형의 체취에 걸맞는 일이다.
유머는 〈웃긴다〉는 의미이고, 웃는 것은 행복한 일이다. 장형은 우리 국민에게 행복을 선사하기 위해 이 지구별에 온 사람이다. –정현웅(소설가)

• 인생의 길흉화복을 인간의 노력만으로 일으키고 피할 수 있다면 정말 살맛나는 세상이 될 것이다. 그러나 神도 질끈 눈을 감아버릴 수밖에 없는, 딱한 일을 잘 넘기는 비책이 있으니, 바로 여유 있는 유머이다. 이 남자는 도무지 화를 낼 줄 모르고 낙담하는 법이 없다. 그렇다고 배알이 없는 것도 아니고… 어떤 상황에서든 시의적절한 촌철살인의 유머를 툭툭 던지며 슬그머니 잘도 넘어간다. 바로 이 책 안에 그 비결이 담겨 있다. –한공주(life coach)

광고는 순간에 제품의 특징과 브랜드 그리고 이미지를 소비자에게 어필시켜야 한다. 그러려면 컨셉이 튀어야 하는데, 정답은 그 시대를 읽는 '유머'이다.
얼마 전 광고판을 도배하던 *KTF* '쇼를 하라' 연출자 김진욱 감독은 본인 이름부터 튀는 '수요일'이다. 수요일에 태어났고, 광고심의필이 수요일에 나오고, 또 광고 카피에 많이 쓰는 '빼어날 수(秀)'의 의미가 좋아 수요일이라고 예명을 붙였는데 일도 술술 풀리더란다.

*KTF*의 '*SHOW*당' 편, 신옥철과 서단비가 110개국 랩을 펼치는 *KTF* '랩쇼' 편, 미소 라면의 '신구' 편, 현대카드 M의 '아드보카드 감독' 편, 조인성과 고릴라의 '국제전화 001' 편 등 그의 대표작 광고 컨셉은 상식을 뛰어넘는 위트와 꿈틀대는 재기발랄함 그 자체다.

그의 편당 연출료는 1,500만원에서 2,000만원선이니, 연봉이 수억원이다. 부럽지? 당신도 성공하려면 유머를 개발하라.
기존 광고는 주로 모델과 영상, BGM을 활용해 왔지만, 최근에는 미니멀리즘의 영향으로 광고 속에서 말을 줄이는 대신 유머를 컨셉으로 한 단순한 자막으로 메시지를 전하고 있다.

'요플레 나는 좋아요' 편은 요플레 모양을 한 프레임에 스타카토식으로 톡톡 튀며 한 글자씩 나타나는 자막효과를 삽입하여 유머러스하면서도 상큼하고 발랄한 느낌을 전달한다.

'되고송' 열풍을 일으킨 SK 텔레콤은 '생각대로 T' 시리즈가 '온가족 할인요금제' 편을 런칭하여, 온가족이 식당에서 즐겁게 외식하는 장면을 스톱모션 촬영기법과 독특한 자막으로 유머있고 친근하게 표현했다.
'되고송' 은 스윙 재즈풍으로
"온가족 T면 반값 할인되고, 반값 할인되면 웃음꽃이 피고♪♬"

이하 이 편에서는 한자나 영어를 비튼 유머 광고 기법과 패러디 유머기법, 브랜드 짓기, 튀는 가게 이름 짓기, 유머 있는 전화번호 마케팅기법, 유머 있는 날짜 마케팅기법, 신조어 유머 광고기법, 유머 있는 은어 등 유머를 활용한 다양한 광고 기법을 줄줄이 알아보기로 한다.

외국어를 비튼 유머 광고 기법

주로 한자나 영어의 음(音)과 한글을 조합하여 유머스럽게 의미를 전달하는 광고 기법이다.

합격의 必(Feel)이 꽂혔다.

모 제과점의 광고이다.
feel의 발음을 차용하여 반드시(必) 합격해야 하는 수험생과 학부모의 심경을 읽어낸 광고카피이다.

여기서 한글 맞춤법 띄어쓰기를 활용한 빵과 관련된 유머.

속 상한 수입 빵, 속상한 소비자

腸(장)담할 수 없다!

모 제약회사의 정장제 광고 카피이다. 거의 매일 저녁 기름진 삼겹살에 소주로 회식과 접대를 밥 먹듯 하는 비즈니스맨의 장(腸)은 안심할 수 없다. 바꿔 말해 장담(壯談)할 수 없다는 의미에서 장(壯)을 인체의 창자. 즉 장(腸)으로 바꾼 재치 있는 카피이다.

毛(모)나게 살자

역시 모 제약회사의 모발촉진제 광고이다. 머리카락(毛)이 나게 하자는 뜻으로 털 모(毛)자를 이용하여 '별나게 살자' '튀면서 살자'는 의미처럼 모나게 살자는 카피를 뽑았다.

요즈음은 젊은 남성까지 탈모증상이 심각해 '속알머리 없는 남성'과 '주변머리 없는 남성'이 범람하는 시대이다. 탈모는 유전적 요인 말고도 인스턴트식품의 섭취, 약물 남 · 오용, 스트레스, 음주, 흡연 등 여러 복합적인 요인이 그 원인이다. 자본주의 논리상 수요가 있으면 그에 상응한 공급이 있는 법, 탈모 치료, 가발 등의 사업이 번창하고 있다.

득모(得毛) 축하드립니다

아들을 낳으면 득남(得男), 딸을 낳으면 득녀(得女)라고 하는데, 하도 머리카락[毛]이 귀하다 보니, 이제는 머리카락이 새로 난 것을 득모(得毛)했다고 한다나.

여기서 머리카락 유머 하나.

A : 야! 너 머리 좀 짧게 잘라라.

B : 머리를 짧게 자르면 죽게?

머리카락을 짧게 잘라야지, 머리를 짧게 자르면 안 돼쥐~

여우(女友)야 모(毛) 안 나게 살자

'毛(모)나게 살자' 라는 카피를 뒤집은 광고이다. 여성의 털은 섹스의 상징이기도 하지만, 다리털은 남성적 느낌을 주어 혐오대상이고, 겨드랑이 털은 특히 여름철에는 말끔하게 제거하는 것이 에티켓을 지키는 것이니, 제모제(除毛製) 광고로 어울리는 카피다. 여기서 여자친구를 여우(女友)라 표현한 것도 앙큼스러운 느낌을 더해 주는 카피다.

Good 毛ning

*Good morning*을 *Good 毛ning*으로 표현하여, 머리카락에 신경 안 쓰고 자신 있고 상큼하게 시작하는 아침의 이미지를 보여 주는 카피이다.

머리카락 이야기가 나온 김에 대머리 유머 하나.

새 댁 : 아버님, 궁금한 게 있는데 여쭤 봐도 돼요?

(대머리)시아버지 : 그래. 물어보렴

새 댁 : 세수할 때 손을 이마 위 어디까지 올리세요?

Z
Z
Z
Z
春

춘곤증 예방 비타민C 광고 카피이다. 봄과 졸음이 그림처럼 어우러져 보는 이까지 깜빡 졸게 만드는 카피이다.

이웃 社村(사촌)

회사와 농촌 간에 자매결연을 맺었을 때, 이웃사촌(四寸)처럼 가깝다는 의미를 표현하면서도 회사(社)와 농촌(村)을 심정적으로 맺어 주는 카피이다.

起(기)up 基(기)up 氣(기)up

기업은행의 광고이다. 기업(企業)을 한자와 영어를 조합하여 어려운 기업을 일으켜 세운다는 뜻으로 起up, 기업의 재무구조를 밑바탕부터 튼튼히 세운다는 뜻으로 基up, 기업에 활력을 불어넣어 준다는 뜻으로 氣up이라 표현하였다.

友 riend

모 증권회사의 로고이다. f를 이용하여 벗우(友) 형태를 만들어 영어의 friend와 한자의 벗우(友)를 절묘하게 매치시킨 작품이다.

夜(야)한 밤에

심야 성인대상 방송프로로 적당한 표현이다. 심야방송이라는 뜻으로 밤야(夜)자를 쓰면서 동시에 '야하다'는 *sexy*한 분위기가 묻어나오는 한자 조어 기법이다.

좋지 아니한 家(가)

영화 제목이다. '좋지 아니한 家' 라고 하면 화목하지 못한 가정이라는 뜻이 되고, '좋지 아니한가' 라고 하면 좋다는 뜻이 되는 이중적인 함의적(含意的) 표현의 전범(典範)이다.

이 영화의 원제는 '콩가루도 뭉치면 좋지 아니한가' 란다. 이 역시 '콩가루 집안' 이라는 의미와 함께, 개성이 강한 구성원도 뭉치면 화목해질 수 있다는 중의적 표현 기법이다.

이 영화 포스터에는 가족을 '가급적 멀리하고, 족보는 무시하는 집단' 이라고 풀이해 놓고 있다.

사랑방 선수(選手)와 어머니

역시 영화 제목이다.

주요섭의 단편소설 '사랑방 손님과 어머니' 의 패러디다. 본래 '사랑방 손님과 어머니' 는 옥희라는 여자 아이의 눈을 통해 본 과부 어머니와 사랑방 손님과의 미묘한 심리 변화를 섬세하게 그린 소설이다.

'사랑방 손님' 을 '사랑방 선수' 로 패러디한 것이다. 광고 카피는 계속 이어진다.

어머니에겐 봄날, 선수에겐 장삿날

선수도 코피 터지는 후끈한 사랑방.

여기서 '선수' 란 작업을 잘 하는 사람, 즉 제비를 의미한다.

여기서 삼천포(시민 여러분 죄송합니다)로 새서,

제비와 관련된 유머 1

제비 몰러 나간다!

이는 창(唱)*이 아니라 강남경찰서 형사들이 카바레에서 여성 고객을 호리는 춤꾼, 즉 제비를 단속하러 출동한다는 뜻이다.

*창(唱)이란 판소리나 잡가 등을 가락에 맞추어 높은 소리로 노래를 부르는 것을 일컫는데, 판소리는 창과 발림(몸짓이나 손짓), 아니리(정경 묘사를 위해 이야기하듯 엮어내는 말)로 엮어진다.

제비 유머 2

제비에는 수(手)제비와 족(足)제비 그리고 구(口)제비가 있다.

수(手)제비란 상대 여성과 춤을 추면서 손으로 작업을 하는 제비를 말한다. 손을 등으로 돌려 브래지어 호크를 풀렀다 끼웠다 하면서 애를 태운대나…

족(足)제비란 상대 여성과 춤을 추면서 발을 상대 다리 사이에 끼워 애를 태우는 제비를 말하고,

구(口)제비란 춤을 추며 여성 파트너의 귀에 더운 입김을 불어넣어 정신을 혼미하게 만든 다음, 이빨로 목걸이를 슬쩍 끊어 호르륵 혀 밑으로 감추는 기술자를 말한대유~

제비 유머 3

강남 제비 중에 춤 상대 여성이 어떤 팬티를 입었는지 족집게처럼 잘 맞추는 전설적인 제비가 있었단다.

"사모님~ 아, 오늘은 흰 팬티를 입으셨군요."

"사모님~ 아, 오늘은 검은 팬티를 입으셨군요."

"사모님~ 몰라! 몰라! 망사 팬티를 입으면 내가 모를 줄 알고?!"

귀신같은 제비의 비밀병기는 파리가 낙상(落傷)할 정도로 반짝반짝 닦은 구두에 있었다. 그런데 원숭이도 나무에서 떨어진다고 단 한 번 헛짚은 케이스가 있었으니, 하루는 사모님이 제비에게 혼돈을 주려고 일부러 아예 팬티를 안 입고 나타나셨겠다.

이번에도 의기양양 거울처럼 닦은 구두를 다리 사이에 넣어 팬티를 알아맞추려던 제비가 소스라쳐 놀라며 지른 외마디!

"누가 내 구두 찢어놨어?"

제비 유머 4

선생님 : 호랑이 울음소리는?

학생 일동 : 어흥

선생님 : 코끼리 울음소리는?

엉뚱이 : 멀미 안녕~ (붙이는 멀미약 광고 카피)

선생님 : 제비 울음소리는?

카바레 주인 아들 : 싸모님~

made ㉦ Korea

㉦은 선거기표 때 사용되는 도장으로 *made in korea*의 *in*의 음을 따서 '人' 으로 만들어, '투표하는 당신이 대한민국을 만든다' 는 중앙선관위의 카피다.

쇼핑 夏夏(하하), 好好(호호)

夏夏夏(하하하) 好好好(호호호)는 한자의 음(音)과 훈(訓)을 활용하여 여름을 표현하면서 의성어로 웃음소리를 냄으로써 여름 바겐세일의 즐거움을 나타내기에 안성맞춤인 표현기법이다.

경기도 여주에 대단위 프리미엄 아울렛이 개장하였는데, 소풍(逍風)과 쇼핑(*shopping*)을 합하여 「쇼풍」이란 합성어를 광고에 사용하고 있다. 가족 나들이의 소풍과 쇼핑을 절묘하게 배합하여 '소풍 나와서 하는 쇼핑' 의 이미지를 잘 나타낸다.

男다른 女子

남다름을 '남과 다르다' 는 의미와 '男子와 다르다' 는 복합의미로 표현하였다.

男의 일이 아니다

'남의 일이 아니다' 는 의미와 '男子의 일이 아니다.' 즉 여자의 일이라는 의미로 표현하였다.

女보세요!

여성분들 보세요. 여성용품 광고 카피로 그만이다.

色다른 느낌

별난 느낌이라는 의미로 색다른 '色다른'으로 표현하였다.

水준이 다른 스파캐슬

스파에 사용하는 물이 좋다는 의미를 유머러스하게 그러나 충분히 전달하고 있다.

패러디 유머 기법

뒤는 내가 책임진다

유산균 발효유 광고 문안이다.

이 유산균을 계속 섭취하면 대변(뒤)을 잘 볼 수 있다는 메시지를 전달하기 위하여, 영화 '태극기 휘날리며' 의 포스터를 패러디한 배경에 「뒤는 내가 책임진다」는 카피로 소비자에게 웃음과 함께 상품의 효능을 각인시키고 있다.

일반적으로 '뒤를 책임진다' 고 하면 어떤 일을 벌여 놓았을 때 배경이 되는 힘을 이용하여 뒤탈이 나지 않도록 돌봐준다는 의미이다.

그런데 여기서는 '대변을 본다' 는 의미로 '뒤' 를 사용하여 '뒤는 내가 책임진다' , 즉 대변을 잘 볼 수 있도록 해주겠다는 의미의 표현이다.

이어지는 카피는

「전 국민의 뒤를 책임지는 확실한 작품」,

「화장실 역사에 길이 남을 감동적인 작품」이 뒤를 잇는다.

엄마, 나 그랑프리 먹었어!

역시 국민 여동생 모델의 유머광고 예 하나 더.

홍수환 선수가 남아프리카공화국에서 세계 챔피언이 된 후 고국에 계신 어머니와 통화 중 '엄마 나 챔피언 먹었어!' 를 패러디 한 것으로, 우승 트로피를 들고 '엄마, 나 그랑프리 먹었어' 라는 피자광고로 잔잔한 웃음을 자아내는 예이다.

피자 브랜드가 그랑프리인데 이는 프랑스어로 *grand prix*, 즉 대상 또는 최우수상이라는 뜻이니 가장 뛰어난, 여기서는 가장 맛있는 피자라는 것을 상품명에서 나타내고 있다.

시를 유머러스하게 고친 카피

벗은 새우 민망해 가실 때에는 감자를 고이 갈아드리 오리다.
바다의 보배 새우, 한치, 가리비 아름따다 피자판에 뿌리 오리다.
해산물이 그리워 오실 때에는 Seafood Island 리 오리다.

김소월 님의 진달래 꽃을 유머러스하게 카피하였다.

엉덩이가 뜨거워

패스트푸드 L제품 치킨버거의 광고도 유머를 재치 있게 믹싱한 패러디 광고이다.

'불후의 명작' 을 비틀어 '불 위의 명작' 으로 광고 타이틀을 뽑아,

그릴(구운) 제품이라는 특성을 살리면서, '불후의 명작'을 연상시켜 높은 퀄리티의 명품임을 암시하고 있다.

광고 문구로는 '엄마, 엄마, 엉덩이가 뜨거워'라는 문구의 동요를 패러디한 '어린 닭고기가 그릴 위에 앉아 울고 있어요. 엄마, 엄마~ 엉덩이가 뜨거워'라는 카피로 어린 연한 닭살을 튀기지 않고 그릴에 구운 웰빙 식품이라는 점을 유머러스하게 표현했다.

노래를 이용한 라면 광고도 생각해 봄직하다. CM Song으로도 사용하고…

라면 이름 짓기

– 바다가 육지라면

해물(바다)과 소고기(육지)를 넣은 라면으로, CM송은 조미미의 〈바다가 육지라면〉을 활용한다.

– 그대를 위해서 라면

그대(소비자)를 위한 라면이란 의미로, CM송은 김도향의 〈그대를 위해서라면〉을 활용한다.

다음은 라면 유머 한 그릇 추가요!

라면 금기사항

첫 째, 라면에 계란을 넣으면 안 된다.

이유는? 맛있으니까.

둘 째, 라면에 밥 말아 먹으면 안 된다.

이유는? 배부르니까.

Fee가 Low(피가로)

하나대투증권이 주식수수료(*Fee*)가 가장 낮다(*Low*)는 것을 알리기 위해 루치아노 파바로티(*Luciano Pavarotti*)를 닮은 모델이 오페라 '세빌리아의 이발사'의 대표곡을 활용해서 "휘가로~ 휘가로 휘가로♬"를 부르는 광고이다.

오페라 현장의 사실감 속에서 개작한 CM송의 유머러스한 반전으로.

브랜드 짓기

나… 이끼 → 나이키

스포츠 신상품의 브랜드명이 떠오르지 않아 산사(山寺)를 찾은 홍보 팀장. 자나 깨나 브랜드명만 생각하다 돌부리에 걸려 넘어졌는데, 코앞에 식물이 말을 거는 게 아닌가.

"이름이 뭐니?"

"나? 아이디어 장! 네 이름은?"

"나… 이끼"

여기서 나이키가 탄생했대나.

이같은 말장난을 팰린드롬(palindrome)이라고 하는데, 어렸을 때 '소주 만 병만 주소'를 거꾸로 읽으면? '소주 만 병만 주소!' 하며 회문(回文) 놀이를 하며 놀았던 기억이 떠오른다.
또 글장난을 애너그램(anagram)이라고 하는데, '님이라는 글자에 점(點) 하나만 찍으면 남이 되는'이라는 트로트 가사가 그것이다.

걸음아, 날 살려라!

'걸음아 날 살려라' 하면 쫓기며 급히 도주하는 상황을 연상하겠지만, 여기서는 걸음, 곧 '걷기가 나를 살린다'는 의미로 건강 서적의 유머러스한 타이틀이다.

역시 건강이 제일이지… 여기서 건강 유머 하나

건강이 요즈음 화두다. 특히 남성의 경우 운동부족, 스트레스, 음주, 흡연, 인스턴트 식품, 약물 남 · 오용으로 인해 건강을 잃으면 성기능 장애가 와서 현대판 고자가 된다. 그런데 고자가 되면, 고자가 된 것도 억울한 판에 그 흔해빠진 노조도 결성할 수 없다.

왜 고자는 노조를 결성할 수 없을까요?

첫째, 노조를 결성하려면 발기인대회를 열어야 하는데, 이분들은 발기가 안 됩니다.

둘째, 노조를 결성하려면 정관을 만들어야 하는데, 이분들은 정관이 없습니다.

셋째, 노조를 결성하려면 내외부의 난관을 헤쳐 나가야 하는데, 이 분들은 난관을 헤쳐 나갈 수가 없습니다.

넷째, 노조를 결성하려면 조직을 해치는 불평불만 자들을 과감히 사정해 나가야 하는데, 이 분들은 사정을 못합니다. 그래서 노조를 결성할 수 없습니다.

그러니 여러분! 특히 남성 여러분, 건강합시다!

관절이 튼튼하신 분들께는 〈빨리 걷기〉보다 더 좋은 운동이 〈계단 오르기〉이다.

"계단을 하나 오르면 4초의 수명연장 효과가 있답니다."

얼마 전 도봉구(최선길 구청장) 보건소는 '계단 업(UP), 건강 업(UP)' 이라는 제목으로 '웰빙 계단 걷기' 운동을 펼치기 시작했다.

걷기 운동보다 3배 이상의 칼로리 소모가 있어, 하루 5~10분 계단을 오르는 것이 심폐기능 강화에 아주 효과적이다. 15층을 5분 안에 쉬지 않고 오를 경우, 심폐기능 등 건강이 상위 10% 이내라고 평가할 수 있다.

삼라만상(森羅萬象)에 제몫이 있듯이, 운동도 자기 몸상태에 맞지 않으면 독이 됨은 자연의 이치이다. 필자의 지인인 백운패밀리 백현기 회장은 평소 어려운 이를 돕는 등 선행을 많이 하시지만, 운동이라고는 약주 드실 때 하는 손목운동과 동양화 감상하실 때 하는 팔관절운동 뿐이라 걱정이 되어 "운동 좀 하시지요" 하니,

"운동 하다가 죽었다는 신문기사는 많이 봤어도, 운동 안 해서 죽었다는 기사는 평생 본 일이 없다."고 유머로 답하신다.

동국대 재직시 한 학생이

"삼라만상이 무엇입니까?"

하고 이두(吏讀) 문자 연구의 태두(泰斗)이며, 자칭 인간 국보 1호 고 양주동 박사께 물으니, 양박사 왈(曰),

"우수마발(牛溲馬勃)이니라" 하고 재치있게 답해 주신 기억이 난다.

> '삼라만상' 이란 우주 사이에 벌여 있는 수많은 현상을 일컬음이니, 이를 '우수마발' 곧 쇠오줌과 말똥 등 가지가지라는 뜻으로 쉽게 해(解)하여 주신 것이다.

고자 유머 퀴즈 하나 추가요!

일본어로

Q : 명자는?

A : 아끼꼬

Q : 옥자는?

A : 다마꼬

Q : 경자는?

A : 게이꼬

Q : 그럼 고자는?

A : 우야꼬!

숙명여대 김명자 교수가 환경부장관으로 재직시 모 실장님이 기자들과의 술좌석에서, "'아끼꼬 상' 은 내 집사람과 동갑인데도 참 아름답다."고 칭찬을 하다가 *fire*(해고)된 일이 기억난다.

이번에는 여성 건강 유머입니다.

제아무리 똑똑한 여자도 예쁜 여자만 못하고

아무리 예쁜 여자도 시집 잘 간 여자만 못하며
제아무리 시집 잘 간 여자도 자식 잘 둔 여자만 못하고
아무리 자식 잘 둔 여자도 건강한 여자만 못하며
제아무리 건강한 여자도 세월 앞에는 못 당하더라.

결국 인생을 잘 사는 것은 결혼해서 애 잘 키우고 건강하게 오래 사는 것이라는 평범 속의 진리가 담긴 유머이다. 본래는 '년' 자가 붙은 유머이나 초장부터 품위를 잃으면 안 되기에 '여자' 로 바꾸었음을 오히려 양해해 주세유~

튀는 가게 이름

닭 집 → 코스닭, 위풍당닭〔위풍당당〕

떡 집 → 복(福) 덕(德) 방(房)

떡볶이 → 덕(德) 복(福) 기(氣)

횟 집 → 광어생각〔광수생각〕

뷔 페 → 동방부페〔동방불패〕

미용실 → 지지고 볶고

선영아 머리해〔선영아 사랑해〕

돼지갈비집 → 돈내고 돈먹기

〔돈(*momey*) 내고 돈(*pig*) 먹기〕

쥐약장사 → 마우스 프렌드

유머 있는 숫자 마케팅 기법

숫자 중에서도 전화번호를 광고에 이용한 마케팅 기법은 이미 고전에 속하는 일이다. 이제는 특수한 전화번호를 고객맞춤 계좌번호에도 이용할 수 있다.

- 장의사 또는 화장장 전화번호가 4444(死死死死)
- 이삿짐센터는 여전히 2424(이사 이사)
- 복덕방 때부터 부동산 중개 전화는 아직도 4989(사고 팔고)
- 빈대떡집이나 생선구이집 전화번호는 9292(구이 구이)
- 왜 오빠를 급히 찾는지 몰라도 8258(빨리 오빠)
- 일산 콜택시 번호는 0514(오~오 일산)
- 디스크 치료는 5275(허리 치료)
- 치과 전화번호는 2875(이빨 치료)
- 돌팔이 신고는 0282(오 돌팔이)
- 안경집은 1001(-o_o-)
- 닭살 문자 1004(천사), 0448(오! 내사랑)
- 일본어 학원 1582(일어 빨리)

- 비아그라 · 총알택시 배달 0154(오! 일어서)
- 친한 친구전화 7942(친구 사이)
- 커플 전화 0242(연인 사이)

- 상점에 어울리는 전화 8253(빨리오삼), 8245(빨리사오)
- 주유소에 어울리는 전화 5151(오일오일)
- 재난구호에 어울리는 전화 9595(구호구호)
- 산부인과에 어울리는 전화 3535(산모산모)
- 성금계좌에 어울리는 전화 1004(천사)

숫자를 활용한 산뜻한 광고 하나

20,000한 중고차 할부가 있습니까!

무려 지구 반 바퀴의 거리인 20,000km를 1년간 보증해 주는 중고차 할부 프로그램.

이는 모 캐피탈 회사의 중고차 할부 프로그램 광고 문안이다. '이만한'을 '20,000한'으로 표기하여 시선을 끌면서 20,000km를 보증해 준다는 속내를 슬쩍 비치는 교활함(?)까지 갖춘 광고이다.

또한, 전화번호는 아니지만 숫자를 이용한 덕담이 있으니, 9988234이다. 즉 99세까지 88하게 살다가 2~3일 앓다 죽자(4).

숫자를 활용한 산뜻한 광고 둘

올해부터는 세 배 안 한다. 여섯배 한다.

모 저축은행의 주식운용 성과 광고이다. 새해 세배(절)를 하지 않는다는 것이 아니라 세 배 즉 300%의 운용수익율은 저리가라고, 600%의 운용수익율을 올려주겠다는 점을 숫자를 활용해서 산뜻하게 전달하고 있다.

유머 있는 날짜 마케팅 기법

날짜를 활용한 유머라기보다는 재치 있는 마케팅 기법이 있다.

2월 14일은 발렌타인데이라고 해서 초콜릿을 마음에 둔 남성에게 여성이 선물하는 날로 삼아 마케팅에 이용하고,

3월 14일은 화이트데이니 마음에 둔 여성에게 남성이 사탕을 선물하는 날로 삼고,

4월 14일은 블랙데이로 만들어서 자조적으로 솔로들이 서로를 위로해 주며 자장면을 먹는 날로 삼은 것은 널리 알려진 일이다.

이외에 **3월 3일은 삼겹살데이,**

3월 7일은 삼치 먹는 날이고,

매년 99번째 날인 4월 9일은 화이트 닭살데이…

여러분들도 자사 상품군(群)에 맞는 날짜로 조어(造語)해 보면 어떨까.

신조어 유머 광고 기법

신조어를 알면 카피가 보인다.

세상이 변하면 말도 변하고, 말이 변하면 사전도 변한다. 영국 콜린스(*Collins*) 영어사전에 새로 추가된 유머러스한 단어를 살펴 보면 세상의 흐름을 읽을 수 있어 광고 자료로 그만이다.

- **사이즈 제로**(*size-zero*) : 비쩍 말라야 입을 수 있는 옷
- **프로-애너**(*pro-ana*) : 거식증(*anorexia nervosa*)을 적극적으로 옹호하는 여성
- **브레인 푸드**(*brain food*) : 두뇌기능을 향상시키는 영양성분을 포함한 식품
- **탄소상쇄**(*carbon offsetting*) : 이산화탄소 배출량을 상쇄하기 위한 환경보호활동
- **계절변형**(*season creep*) : 지구 온난화로 계절변화가 예전과 달라짐.
- **맥 맨션**(*Mc Mansion*) : 특색없이 비슷비슷한 모양으로 지어진 저택
- **런더니스탄**(*Londonistan*) : 런던을 근거지로 하는 과격 이슬람 테러리스트

- **왜그**(wag) : 축구선수의 아내 또는 여자 친구
- **후디**(hoodie) : 모자 달린 운동복을 입은 불량배

이외에 유머러스한 신조어로는 남자들이 감기에 걸리면 여자보다 증상을 더욱 과장해 엄살을 떠는 것을 빗댄 **남자독감**(man flu)이라는 말이 있다.

취업난 신조어

극심한 취업난은 신조어를 양산했다. **이태백**(이십대 태반이 백수)을 넘어 **삼태백**(삼십대도 태반이 백수)이란 말까지 생겼다.

- **88만원 세대** : 향후 20대의 95%가 월소득 88만원에 불과한 비정규직으로 몰락할 것이라고 경고한 신조어
- **NG족** : *No Graduation*, 즉 취업 때까지 졸업을 늦추는 학생들
- **밥터디** : 밥을 같이 먹으며 취업공부를 함께 하는 오프라인 모임
- **삼일절** : 삼십까지 일을 하면 절도범이다.
- **고공족**(考公族) : 공무원 고시, 공기업 시험 준비족
- **영어난민** : 어학연수나 유학을 목적으로 해외에 나가 있는 사람
- **공유족**(恐休族) : 쉬는 것을 두려워할 정도로 취업에 몰두하는 사람들
- **학점 쇼핑족** : 학점 취득하기 수월한 타 대학이나 이력서 쓸 때 도움이 되는 해외 대학에서 수업을 듣는 사람들

- **장미족** : 장기간 미취업 상태의 대졸족
- **조기** : 조기퇴직
- **명태** : 명예퇴직
- **황태** : 황당한 퇴직
- **동태족** : 한겨울에 퇴직한 사람
- **알 밴 명태족** : 퇴직금을 두둑히 받은 명퇴자
- **생태족** : 해고 대신 타 부서로 전출된 공무원
- **신이 내린 직장** : 안정성이 보장되는 고임금 직장
- **신도 다니고 싶어 하는 직장** : 국책은행
- **신의 아들** : 공기업 취업자
- **십장생** : 십대(10대)도 장차 백수가 될 생각을 해야 한다.
- **어둠의 자식** : 백수
- **직테크** : 좋은 자리로 옮기기 위한 직장인들의 기술
- **월급고개** : 보릿고개에 빗댄 말로, 지난달 월급은 떨어지고 이번 달 월급은 아직 나오지 않아 경제사정이 아주 어려운 상태

은어를 알면 광고카피가 보인다

대학생 은어

- **아싸족** : 아웃사이더(버지니아 공대 총기 사고를 계기로 친구와 어울리지 못하고 혼자만의 세계를 구축하는 병적 아웃사이더족을 지칭)
- **간지** : 느낌이 온다(일본어에서 유래)
- **무플** : 댓글이 없음
- **므흣** : 기분 좋은
- **불펌** : 허락 없이 게시물을 퍼감
- **쌩얼** : 맨얼굴
- **안습** : 눈물이 난다(안구에 습기가 차다)
- **오나전** : 완전(컴퓨터 자판에서 '완'의 오+ㅏ+ㄴ 순서가 바뀐 것)
- **OTL** : 좌절
- **완소** : 완전 소중함
- **원츄** : 원하다
- **조낸** : 매우
- **지대** : 제대로

- **지름신** : 충동구매를 부추기는 신
- **훈 남** : 훈훈한 느낌의 좋은 남자

10대들의 은어

- **금사빠** : 금방 사랑에 빠진 사람
- IBM : I(이미), B(버린), M(몸)
- **볼 매** : 볼수록 매력이 있음
- **메롱스럽다** : 난감하다, 뻘쭘하다, 우울하다의 다의적 함축어
- **갈 비** : 갈수록 비호감
- **단무지** : 단순, 무식, 지랄
- **무지개 매너** : 무지+개매너, 매우 매너가 없음
- **닭 질** : '닭이 그냥 왔다갔다 하는 행위(질)' 의 줄임말로 불필요한 일 또는 행위.
- **착한 가격** : 적당히 싼값

꼰대(구세대)들도 은어를 썼다.

- **꼰 대** : 아버지 또는 나이든 사람
- **께 꾸** : 구두
- **백 조** : 백수 여자
- **마포불백** : 마누라도 포기한 불쌍한 백수
- **잠 수** : 잠적함

책 권수 표시 신조어

1,2권을 상하로 표시하는 것이 일반적이나, 건(乾) · 곤(坤)으로 표시해도 산뜻하다.

1,2,3권은 상 · 중 · 하로 표시하는 것이 일반적이나, 천(天), 지(地), 인(人)으로 표시해도 굿 아이디어.

1,2,3,4권은 춘(春) · 하(夏) · 추(秋) · 동(冬)으로 표시해도 좋을 듯하다.

2030 젊은 부자

통계청은 20~30대 젊은 부자들을 아예 **블루슈머** (*Bluesumer*)로 분류했다. 해외 펀드 등으로 돈을 벌어 (스톡리치족 : *stock rich*족), 미래를 위한 절약보다 자유롭고 여유있는 현재를 택하는 소비형태를 보인다.

이들은 **여피족**(*Yuppies*족), **보보스족**(*bobos*족), **욘족**(*wyan*족)의 특성이 뒤섞인 복합적인 구매형태를 갖는다. 여피족이나 욘족처럼 부유한 것도 아니면서 원하는 물건을 구매하는 데 망설임이 없다. 그러나 무절제하지 않고 계획적인 면은 보보스족을 닮았다.

이들의 특징은 현실의 만족을 값진 경험이자 자신에 대한 배려라고 생각하면서도 절대로 무리는 하지 않는다.

직업을 비튼 유머로

짜증과 맞짱뜨기

• 장 후배와 인사도 없던 시절 여러 모임에서 우연히 그가 원고도 없이 포복절도할 유머를 섞어가며 자로 잰듯 매끄러운 진행을 하는 모습을 보고는 감탄하였다. 그런데 알고보니 절친한 친구인 구자억 전 미8군병원장의 이종동생이었다. 그 친구의 외삼촌이 장소팔 선생이라고 들었는데, 그렇다면… 아! 역시 DNA는 못 속이는구나 싶었다. 환자의 빠른 회복과 병원의 이미지를 제고시키고 싶다면, 그를 초빙해서 유머강좌를 들어 보시라.

–김재정(전 대한의사협회 회장)

• 유머꾼에게는 선천적으로 재능이 타고난 유머 형과 후천적으로 남다른 노력을 통한 유머 형이 있는데, 제가 경기중학교 시절부터 지켜봐 온 장광혁 님은 이 두 가지를 함께 겸비한, 뛰어난 선 · 후천적 유머천재이므로 그의 내공이 밴 『짜증과 맞짱뜨기』–20초에 사로잡아라–는 모두가 기대해 볼만하다고 확신합니다. –고석훈(전 세계심미치과학회장/ 미시간치과 원장)

직업이란 분업화된 사회에서 한 인간이 지속적으로 사회적 역할을 분담하면서 자신의 생활에 필요한 물적 기초를 마련하기 위해 하는 일을 말한다.

직업은 한 개인이 다른 사회구성원들과 연대를 실현할 수 있는 장(場)을 마련해 주며, 생계를 유지하는 최저한도의 조건을 만족시키는 수단이라는 것이 학문적 정의이다.

그런데 한편으로 직업은 개인에게 있어서 개성 발휘의 장(場)이다. 직업이 부과하는 요구에 부응해서 헌신하는 가운데 자신의 개성 신장은 물론 일의 보람을 찾을 수 있는 것이다.

한편 사회적으로 존경받는 직업을 비틀어 유머를 만들면 보통사람들에게는 묘한 카타르시스를 느끼게 한다.

가족보다 직장 동료와 함께 있는 시간이 긴만큼, 유머로 동료를 가족처럼 만드는 것이 인생을 즐겁게 하는 비결이다.

성직자 비틀기

「정치가와 유머」처럼 성역 허물기의 일종이기에 「성직자와 유머」도 「섹스와 유머」만큼이나 민감한 소재이다. 필자가 종교 비틀기가 아닌 성직자 비틀기로 비켜간 것도 그런 맥락이다.

필자는 사월 초파일 국민 소리꾼 장사익 선생, 팝페라 테너 주세페 김 · 소프라노 김구미 교수, 국악인 박성환 선생과 함께 오랫동안 산사 음악회를 진행하고 있는데, 이 때 스님을 소재로 자주 유머를 한다.

평소 어려워하던 스님을 상대로 비틀고 웃음의 대상으로 삼으면 신도들은 대리만족으로 무척이나 즐거워한다.

심조불 수군인용이라

용인에 소재한 사찰의 큰 스님이 상좌를 데리고 서울 나들이를 다녀오시면서 먼 산을 바라보며 습관적으로 하시는 말씀이 있으니,

'심조불 수군인용' 이라. '좋은 말이로다' 하시는 거였다.

상좌가 궁금하여 그 뜻을 여쭈면 그저

'때가 되면 알게 되느니라' 하셨다.

하루는 상좌가 큰스님 심부름으로 서울을 가며 스님께서 서울을 다

녀오시며 항시 '심조불 수군인용'이라 하시던 곳을 빤히 쳐다보며 배꼽을 잡고 웃었으니,

그 연유인즉 '불조심 용인군수'를 거꾸로 읽으신 게 아닌가.

> 상좌(上佐)란 행자(行者)라는 뜻으로 속인으로서 절에 들어가 불도를 닦는 사람을 가리키기도 하고, 사승(師僧)의 대를 이을 여러 사람 중에서 가장 높은 사람을 가리키기도 하는데, 여기서는 전자의 뜻으로 쓰였다.

큰스님을 무참 준 참새

어느 날 큰스님께서 사월 초파일날 풀 먹인 가사 장삼을 걸치시고 사부대중 앞에 위풍당당 걸어오시는데, 특별히 반들반들 광(光)을 낸 스님 머리 위에 하필이면 지나가던 참새가 똥을 찍 갈기는 게 아닌가.

스 님 : (역정을 내시면서) 야 이놈아. 넌 팬티도 안 입고 다니냐.

참 새 : (조근조근 예쁜 목소리로) 스님은 똥 눌 때도 팬티입고 싸시나요?

> 보통 남성 속바지도 팬티(*panty*)라는 말을 쓰는데, 이는 잘못이고, 트렁크(*trunks*)가 바른 용어이다.

목욕탕 풍경

목욕탕에서 스님이 물을 팍 끼얹어 뒤에 앉은 까까머리 중학생에게 물이 튀었다.

중학생 : (빡빡머리만 보고) 야! 너 뭐야?

스 님 : 왜, 나 중이다.

중학생 : 난 중3야. 임마!

> 스님이란 '중'의 존칭어로 출가하여 절에 가 불경을 공부하여 불도를 실천하는 승적이 있는 승려를 가리키는데, 구족계(具足戒)를 받은 남승을 비구(比丘), 여승을 비구니(比丘尼)라 한다.

총알택시 기사는 천국으로

김수환 추기경께 들은 유머라고 한다. 누구누구에게 들었다는 것을 법학에서는 전문(傳聞)이라고 하는데 추기경님은 필자가 고등학교 때 추기경 서품식에서 축시를 낭송한 인연이 있는지라, 몇 번 알현할 기회는 있었지만, 이 농담을 추기경님께서 하셨는지를 확인해 보지는 못하였다.

하늘나라에서 벌어진 장면이다.

하느님 : 아, 오늘은 신부와 총알택시 기사가 왔구나. 신부는 지옥으로 가고, 총알택시 기사는 천당으로 가거라.

신부님 : 아니, 저는 평생 미사를 집전하며 신자들과 하나님께 기도하며 살아 온 주의 종인데 어째서 지옥으로 가라 하시고, 더 황당한 것은 승객들을 위험에 빠뜨린 총알택시 기사는 천당으로 보내십니까?

하느님 : 뭐라고, 네가 신자들을 기도로 이끌었다고? 너는 미사 때마다

강론을 너무 길게 해서 기도하러 나온 신자들마저 다 졸게 만들었으니 지옥으로 가야 하고, 저 총알택시 기사는 택시를 위험하게 몰아서 나를 믿지 않는 승객까지도 '하느님 살려 주세요' 하고 기도하게 만들었으니 천당으로 보내야 하지 않겠느냐.

추기경(樞機卿)이란 교황의 교회 행정상의 최고 고문으로, 교황청 각 성성(聖省)의 장관 또는 구성원으로서 교황의 통리를 분담 · 보좌한다.
교황 사거(死去)의 경우에는 시스티나 성당에 모여 추기경 중에서 새 교황을 선출하는데, 교황이 선출되면 굴뚝의 연기를 피워 이 소식을 알리는 관습이 있다.

혼자는 무죄

신부님께서 「간음하지 말라」는 주제로 설교를 하신 뒤,
'모두 눈을 감고, 한 번이라도 남녀 간에 간음한 사람은 조용히 일어나서 나가 주십시오' 하자 대부분의 신도들이 나갔다.
'여성끼리 관계를 했던 사람들도 조용히 일어나서 나가 주십시오' 하자 몇몇의 여자들이 나갔다. 이제 남자 둘과 무대리만 남았다.
다시 '남성끼리 관계를 했던 사람들도 조용히 일어나서 나가주십시오' 하자 나머지 남자 둘이 나가고 무대리만 남았다.
'아! 죄 없는 자는 무대리 혼자 뿐이니…' 하고 신부님께서 탄식을 하자 무대리가 일어서서,

'신부님, 혼자 하는 건 죄가 안 되나 보죠?'

간음은 실정법상 간통죄로 처벌되는데, 이는 배우자 있는 자가 자기 배우자 외의 이성과 성교를 함으로써 구성되는 범죄이다. 배우자의 고소에 의하여 성립되는 친고죄로서 쌍벌죄이다. 그러나 미혼자가 상대방이 기혼자임을 몰랐을 경우에는 미혼자는 처벌할 수 없다. 간통죄에 대해서는 2008년 11월 아슬아슬하게 합헌판결이 났으나 점진적으로 폐지될 것으로 예상된다.

노인의 정체

모세와 예수님과 한 노인이 골프를 치고 있었다.

모세가 친 공이 호수에 빠지자, 모세는 골프채로 호수를 가르고 들어가서 공을 친다.

이번에는 예수님이 친 공이 호수에 빠지자 물 위를 걸으며 호수 위에서 그대로 공을 치신다.

다음은 한 노인이 친 공이 호수에 빠지자, 새가 날아가 입으로 물고 한참을 날아 홀인원을 시켰다.

그러자 모세와 예수님이 짜증을 내며 이구동성(異口同聲)으로 외쳤다.

"하느님 아버지, 제발 공 좀 그런 식으로 치지 마세요!"

지옥에서 한국 아줌마들의 극성

신촌 성결교회 이정익 목사님 강론 때 들은 유머 하나 더.

"여러분 지금 한국 아줌마들 때문에 지옥이 리모델링을 하느라 난리랍니다."

염라대왕이 못된 아줌마들 혼을 내주느라 지옥 불을 세게 틀었더니 다른 나라 아줌마들은 뜨거워서 난리를 치며 살려 달라고 애원을 하는데, 한국 아줌마들은 워낙 불가마에, 숯가마까지 하드트레이닝을 거친 터라,

'염라대왕 옵빠! 불 좀 더 올려 주세요'

하는 바람에 염라대왕이 열 받아서 숯가마 이상의 고온으로 리모델링을 하고 있답니다.

"장로님들 웃지 마세요. 사실 뭐 장로라는 말이 권위 있게 들리지만 나이 들어 오래 노는 분들이 장로예요. 그렇다고 목사만 대단하다는 건 아녀요. 사실, 자신한테는 목적 없이 사는 사람이 목사예요. 허허…"

염라대왕은 지옥에 살며 십팔 장관과 팔만 옥졸을 거느리고 죽어서 지옥에 떨어지는 인간의 생전의 선악을 다스려 악을 방지하는 대왕을 가리킨다. 본래 그 상(像)은 불상과 비슷하고 왼손에 사람의 머리를 붙인 기(旗)를 가지며 물소를 탄 모양이었으나, 근자에 들어서는 중국 복장에 분노의 상(像)을 하고 있다.

깜짝퀴즈

Q : 성경은 많은 장으로 구성되어 있는데요, 이 중 가장 두꺼운 장은?

A : 겉장!

다 팔자소관(八字所關)

문란한 성생활과 약물남용, 스트레스로 발기부전이 된 방탕자, 고혈압으로 비아그라를 복용할 수도 없게 되자 사흘 낮과 밤 산신령께 기도를 올렸다.

산신령 : 내 네 기도가 하도 간절하여 세 번은 할 수 있는 능력을 주겠다. '빵' 하면 서고(발기되고), '빵빵' 하면 죽느니라. 단, 하고 못 하고는 팔자소관이니 세 번의 기회를 소중히 쓰거라.

방탕자 : 감사, 감사합니다. (산길을 내려오면서 진짜인가 궁금해서 실험을 해 보았다.)

"빵!"(앗! 진짜 엄청 발기되는 것이 아닌가? 집에 이대로 갈 수는 없어)

"빵빵!"(그러자 정말로 거시기가 죽었다.)…

그래서 한 번을 써 먹었다. 집에 다 와서 골목길을 들어서려는데 갑자기 자동차 한 대가

"빵!"(앗 거시기가 섰다. 길거리에서 어쩌겠는가? 하는 수 없이)

"빵빵!"(거시기가 얌전해졌다.)…

그래서 두 번을 써먹었다.

아! 드디어 집에 돌아와서 부인에게 목욕을 하라고 이르고는 드디어 한 번은 써먹게 되었구나 생각하면서,

"빵!"(크게 소리치자 엄청나게 발기가 되었다.)

이 때 부인이 목욕을 하고 나오면서 거시기를 바라보며

"웬일로 오늘은 빵빵하네요."

(그래서 한 번도 못하고 세 번의 주문을 다 써먹어 버렸으니… 다 팔자소관이니라.)

인과응보

교회에서 이진섭 목사님께서 설교 중에 한 아주머니가 가늘게 코까지 골면서 하늘나라에 가셨다. 민망해진 목사님이 아주머니 옆에 계신 할아버지께 부탁하였다.

"할아버지, 옆의 졸고 있는 아주머니 좀 깨워 주세요."

할아버지도 역시 졸린 눈으로 하품을 하며 하시는 말씀,

"아, 재운 사람이 직접 깨우시구려."

> 잠이란 정신적으로나 육체적으로, 일시적으로 눈을 감고 쉬는 무의식 상태를 가리키는데, 잠과 관련해서는 〈잠을 자야 꿈을 꾸지〉라는 속담이 있다. 30분 정도 잠깐 자는 낮잠은 보약 한 재 먹은 것처럼 건강에 좋다. 특히 밤 11시 전에 반드시 잠자리에 드는 것이 성장 호르몬이 분비되어 건강에 좋다. 일찍 자고 일찍 일어나는 습관은 성공의 첫걸음이다.

돈 · 여자 · 결혼

노총각이 신께 간절히 기도를 올리자 신의 음성이 들렸다.

"네 소원 세 가지만 말하거라!"

"예, 돈 · 여자 · 결혼입니다."

신께서는 기도한 대로 돈 여자(미친 여자)와 결혼을 시켜주셨다.

일반적으로 기도란 신명(神明)에게 복을 비는 일을, 불교에서는 불보살에게 이레나 스무이레 또는 백일이나 천일의 기한을 정하고 정성을 들여서 비는 일을, 기독교에서는 하느님에게 예수의 이름으로 감사와 찬미와 희구를 드려 비는 일을, 천주교에서는 천주를 흠숭 사례하여 자신이나 다른 사람에게 필요한 각종 은혜를 구하는 일을, 천도교에서는 수도의 한 방법으로 심고(心苦) · 송주(誦呪) · 묵념 등을 통틀어 일컫는 말이다.

하늘 나라 셈법

조경환 : 하느님, 하늘 나라에서는 1초가 1억년이라면서요?

하느님 : 그렇단다. 목마회 총무가 되더니, 똑똑해졌구나.

조경환 : (그러면, 1원이 1억원이겠네! 데굴데굴~~잔머리 굴리는 소리)

하느님, 저 1원만 주시면 안 되요?

하느님 : 오냐. 1초만 기다려라.

목사님의 기도

빈 방인 줄 알고 잘못 문을 연 목사님이 못 볼 것을 보시고 말았다.

두 남녀가 벌거벗고 엉켜서 신음 소리를 내고 있는 중이었다. 이런 상황에서도 목사님께서는 이런 기도를 하셨다.

'헐벗고 신음하는 자의 죄를 사하여 주소서!'

본래 신음(呻吟)이란 병이나 고통으로 앓는 소리를 내는 것인데, 여기서는 쾌락을 못 참아 저절로 나는 소리쯤으로 풀이할 수 있다. 이 때 돌아가시는 것을 복상사(腹上死)라 하는 바, 잠자리를 하다 동맥경화나 심장질환 등의 원인으로 남자가 여자의 배 위에서 돈사(頓死 : 급사)하는 것을 말한다. 대부분 연하의 불륜상대와의 관계에서 일어나므로 건전한 성생활이 장수의 지름길이다. 특히 고혈압이나 심장질환이 있는 분은 비아그라 등의 복용을 절대 금해야 한다.

지금은 하느님과 통화 중

여기는 경기도 광주가 아닌 전라도 광주, 돌담길 따라 언덕 위 조그만 예배당.

주일 11시 예배, 성가대의 은혜로운 찬양이 끝나고 목사님의 설교가 이어지는데,

'날 좀 보소! 날 좀 보소! 날~좀~보~~!'

방정스러운 핸드폰 컬러링 소리에 인자하신 한병천 목사님도 화가 단단히 나셨는지 설교를 중단하고 '누구다냐?' 하는 표정으로 성도들을 째려보신다.

아! 그런데 그 진원지는 목사님의 포켓이 아닌가? 기지에 찬 목사님 얼른 핸드폰을 받으면서 하시는 말씀.

"아 예수님! 지금 하느님하고 통화하는 중이거든요. 예배 끝나는 대로 바로 전화드릴께요, 잉~!".

노인의 기도

금실 좋은 부부가 결혼 후 만 60년이 되는 다이아몬드 식을 가졌다.

하느님도 보기에 좋으셔서 먼저 할머니에게 소원을 물었다.

"저는 영감하고 30년만 더 살았으면 좋겠습니다."하고 소원을 말하자, 하느님께서는 할머니에게 30년을 더 살 수 있는 건강을 주셨다.

그리고 이번에는 영감에게 소원을 묻자

"솔직히 욕먹을 소리지만 저는 지금 마누라보다 20년 더 젊은 여자와 함께 살아 봤으면 좋겠습니다."하며 눈치를 살폈다.

하느님께서는 빙긋이 웃으시며 고개를 끄덕이시더니 영감을 20년 더 늙게 만들어 놓으시면서 하시는 말씀, "됐지?"

> 위에서 금실이란 금슬(琴瑟) 곧 거문고와 비파에서 나온 말로 부부애를 가리키는데, 금실지락(琴瑟之樂)이란 부부 사이의 화목한 즐거움을 뜻한다.

놀부의 최후의 심판

놀부가 염라대왕에게 끌려갔는데 한마디로 엄청 쫄아 있었다.

'네 죄를 네가 알렸다' 라는 말이 있듯이, 지은 죄가 워낙 많은지라 재판 순서를 초조하게 기다리고 있는데, 한 가지 죄에 대해 큰 바늘로 한 번씩 찌르는 형벌이었다.

아무리 착하게 살아도 한 달에 한 번은 잘못을 저지르는 법인데, 그래도 일 년이면 12번, 아주 착한 사람도 평생 대충 90~100번을 알게 모르게 죄를 짓는다.

큰 바늘로 무려 90~100번을 찌르는 가혹한 형벌에 다 초죽음이 되어서 나가는데 흥부 순서가 다가왔다. 흥부는 워낙 착한지라, 자기가 한 일이 모두 죄가 되는 것처럼 생각되었다.

흥 부 : 저는 워낙 지은 죄가 많아 셀 수가 없을 지경입니다.

염라대왕 : (피식 웃으며) 워낙 죄가 많다니 큰 바늘로 수십만 번을 찌를 수도 없고, 그냥 들어가거라.

이를 지켜 본 놀부 '옳다구나, 저런 묘수가 있었구나' 쾌재를 부르며 자기 순서를 기다렸다. 드디어 놀부 순서가 되자

염라대왕 : (역시 피식 웃으며) 놀부는 죄께나 졌지?

놀 부 : 예, 저 역시 워낙 지은 죄가 많아 셀 수가 없을 지경입니다.

염라대왕 : 그래? 잘도 아는구먼, 놀부 니 놈은 워낙 죄가 많아 큰 바늘로 수십만 번을 찌를 수도 없고…

놀 부: (옳다구나. 나도 그냥 들어가라고 하겠구나.)

염라대왕 : 큰 바늘로는 안 되겠다. 여봐라, 공업용 미싱을 가져다가 오바로크로 돌려라!

여기서 미싱이란 소잉머신(*sawing machine*) 즉 꿰매는 기계라는 말에서 일본인들이 *sawing*을 빼고 *machine*(머신)을 미싱으로 잘못 발음한 데서 유래된 오용 외래어이다.
한편 제목 〈최후의 심판〉은 기독교에서 세계의 종말에 예수가 재림하여 전 인류를 심판한다는 사상으로, 작품으로는 미켈란젤로가 시스티나 성당에 그린 벽화가 유명하다.

의사 비틀기

의사도 이제는 전문 서비스직종의 하나로 인식되는 경향이 농후해졌지만, 아직도 성직자까지는 아니더라도 교사와 함께 높은 도덕성을 요구하는 직군으로 인식된다. 역설적으로 아직까지 의사를 희화하는 유머가 먹혀드는 이유도 여기에 있다.

"부자의 잘못은 돈으로 덮을 수 있지만, 의사의 잘못은 흙으로밖에 덮을 수 없다"는 영국 속담이 있다.
이는 의사의 잘못은 생사가 걸린 문제라는 점을 유머러스하게 표현한 속담이다.

선생님이 먼저 벗으세요

산부인과에 처음 온 벽촌의 새댁
욘사마 닮은 젊은 의사 선생님의 모던한 안경 너머로 쏘는 눈부신 눈길

의 사 : 침대에 오르시지요.

새 댁 : (달달달… 떨며, 모기소리만 하게) 예.

의 사 : 옷을 벗으시지요.

새 댁 : …

의 사 : 옷을 벗으셔야죠,

새 댁 : 부끄러워요.

의 사 : (더 부드러운 목소리로) 처음엔 다 그래요. 어서 벗으세요.

새 댁 : 선생님이 먼저 벗. 으. 세…

선생(先生)님이란 선생의 존칭으로, ①교사의 존칭, ②학예가 뛰어난 사람의 존칭, ③의사의 존칭, ④남을 경대하여 호칭하는 말로, 흔히 성(姓)이나 직함 밑에 붙여 쓴다.

그런데 요즈음 미용실이나 복지기관에 가면 어른이나 윗사람 앞에서도 새파랗게 젊은 사람들끼리 서로 선생님으로 부르는데, 바른 어법이 아니며, 또 듣기에도 민망스럽다.

잔소리 나온 김에 존칭에 대해서 한 말씀 더 드리자면 흔히 윗사람에게 자기 바로 윗사람이나 선배를 지칭할 때 존칭을 사용하는데, 이 역시 바른 어법이 아니다. 이 때는 '압존(壓尊)'이라 하여 어른에 대한 공대를 더 높은 어른 앞에서는 줄여야 옳은 것이다.

예컨대,

아버님! 제 남편께서 외출중이십니다.(×)

→아버님! 아범은 외출중입니다.(O)

사장님! 김 부장님께서 말씀하시기를…(×)

→사장님! 김 부장이 말하기를…(O)

진찰실 풍경

팔등신 미인이 할머니와 함께 염정길 부인과를 찾았다.

미 인 : 저… 진찰 좀 받으러 왔는데요.

의 사 : 아! 예!! 저 커튼 뒤로 가서 옷을 모두 벗고 누워 계세요.

미 인 : 할머니, 저 커튼 뒤로 가셔서 옷을 모두 벗고 누워 계시래요.

의 사 : 아! 진작 말씀하시지~. 할머니가 진찰 받으시려구~~?
그러면 자 할머니, 이 의자에 앉아서 아~하고 혓바닥 한 번 내밀어 보세요.

원스톱 신체검사

신체검사를 받으러 검사실로 들어갔다.

의 사 : 박성희 씨, 물방울무늬 의자에 앉으세요.
검사 끝났습니다.

환 자 : 예?

의 사 : (조그맣게) '박성희 씨!' 할 때 알아들으셨으니
청력 검사 o.k
여러 의자 중 물방울무늬 의자를 찾았으니
색맹검사 o.k
정상적으로 걸어가서 의자 팔걸이를 잡고 앉으셨으니 다리 관절, 손 관절 o.k
이상입니다.

색맹(色盲: *color blindness*)이란 색각(色覺)이 불완전하여 빛깔을 식별하지 못하는 상태를 말한다. 전색맹과 부분색맹이 있는데, 후자에는 홍록색맹과 청황색맹이 있다. 색맹보다 정도가 가벼운 것을 색약(色弱)이라 한다. 신통하게도 여자에게는 극히 드물다. 의약 · 공학계열 지원이 제한되는 경우가 있으니 희망자는 미리 확인해 보시길.

치과의사 '아' 하세요!

특수 직업여성 신체검사에 산부인과 의사가 부족하니 각 과의 의사들이 총동원되었다.

각 진료실마다 대기하는 줄이 줄어드는 속도가 비슷한데, 유독 치과의사 선생님 진료실만 사람이 들어가면 나올 줄을 모르는 것이었다.

책임자가 이상해서 들여다보니, 치과의사 선생님께서 여성의 거시기를 들여다보시면서,

'아, 하세요!' '아, 하세요!' 하며 진땀을 흘리고 있는 것이었다.

성병이란 주로 성교로 말미암아 감염 · 발병되는데, 매독 · 임질 · 연성하감 · 에이즈 등이 있다. 에이즈의 경우 악수 등 일반적인 접촉으로는 감염이 안 되며, 타액이나 혈액 등에 의해서만 감염되므로 성교 · 키스는 물론 면도기 등을 같이 쓰는 것은 위험하다. 비정상적인 성접촉 시에는 꼭 장화(콘돔)를 신읍시다!!

입장 차이

환 자 : 맹장은 아무 쓸모없는 장기인데 괜히 달려서 고생을 시키네요.

성직자 : 조물주가 만드신 것은 무엇 하나 필요하지 않은 것이 없습니다.

의 사 : 그럼요. 맹장수술이야말로 외과의사 입장에서는 위험부담 없는 확실한 수입원이지요.

맹장염이란 충양돌기에 생기는 염증으로 충수염이 바른 표현이다. 증상으로는 변비 · 설사 · 식욕감퇴 · 오한 등이 오고 갑자기 상복부 및 배꼽 부근에 심한 복통이 일어난다.

확률

맹장수술을 하러 온 환자에게,

의 사 : 위험해서 수술을 못하겠습니다.

환 자 : 아니, 맹장수술이 뭐가 위험하다는 겁니까?

의 사 : 예, 맹장수술의 성공률은 99.9%인데, 선생님이 1000번째 환자라서 …

감기 치료

감기 환자 : 선생님 언제쯤 나을까요?

명 의 : 예, 약을 드시면 1주일이면 낫고, 그냥 쉬시면 7일은 걸려야 할 것 같습니다.

인색한 사람을 가리켜 〈감기 고뿔도 남을 안 준다〉는 속담이 있다. 한편 감기는 특효약이 없기 때문에 역설적으로 그렇게 감기약 종류가 많은 것이다. 충분한 휴식과 비타민C의 다량 투여, 그리고 영양 있는 식사가 도움이 되는데, 그래서 〈감기는 밥상머리에 내려앉는다〉는 속담이 생겼다.

디스크 환자

(화장실에서)

A : 자네 디스크라며 좀 괜찮나?

B : 예, 〈너희들 병원〉에 다녀요.

A : 그런데 왜 뒷짐을 지고 소변을 보나?

B : 아, 의사 선생님이 무거운 건 들지 말라고 해서요.

디스크는 추간연골을 가리키는데, 평소 바른 자세를 취하는 것이 가장 중요하다. 또한 디스크 예방과 치료를 위한 척추 보호운동으로는 복근을 강화하는 허리 굴절운동이 있고, 척추를 튼튼하게 하는 운동으로 배부를 강화하는 허리 신전운동이 있다. 필자의 경험으로는 피치 못할 경우를 제외하고는 추나요법 등 비수술요법을 권하고 싶으며, 추천도서는 이상호 박사가 지은 「당신의 허리는 튼튼하십니까?」이다.

역시 과장님의 선택은 탁월해

정신과 인턴이 과장님께 물었다.

'과장님, 정신병 환자와 정상인을 구별하는 간단한 방법이 있으면 알려주세요.'

'응, 욕조에 물을 채워 놓고 양동이와 숟가락을 주지.'

'아하, 양동이를 써서 퍼내면 정상인이군요.'

'양동이를 쓰는 사람도 정신병자지. 정상인은 욕조의 배수구 밸브를 빼 버리지.'

정신병은 정신에 이상이 있고 그 자각에 이상이 있으며 언동이 정상이 아닌 상태로, 외상 · 중독 · 질병에 의한 외인성인 것과 유전 · 체질에 의한 내인성이 있습니다. 정신질환도 자연스러운 현상이니 이상이 있을 때 정신과에 가서 진료를 받는 것을 회피해서는 안 된다.

피임약 아스피린

여성 1 : 오늘 오빠 만나야 하는데, 언니 피임약 있으면 하나만 줘.

여성 2 : 아스피린 밖에 없는데…

여성 1 : 아스피린도 피임이 돼?

여성 2 : 그럼~ 다리 사이에 아스피린 한 알을 끼우고 떨어지지 않게 다리를 오므리고 자면 100% 피임이 되고말고.

아스피린(*Aspirin*)은 버드나무 추출물로 아세틸살리실산의 상품명이다. 백색 결정성의 가루로, 거의 냄새가 없다. 널리 해열제로 쓰이며 진통제로서 관절 · 류머티즘 · 신경통 등에 쓰인다. 나이 드신 분들은 심장질환 예방용으로 함량이 낮은 아스피린 프로텍트를 한 알씩 드시는 것이 좋다. 물론 먼저 약사님과 상의하실 것.

의학상식

환 자 : 선생님 왜 좌골 신경통만 있고, 우골 신경통은 안 생기는가요?

의 사 : ??

좌골신경통에서 좌골은 左骨이 아니라 坐骨이다. 좌골 신경의 경락에 연하여 일어나는 신경통으로, 신경염 · 중독 · 골반내 장애 · 요추 카리에스 · 추간판 헤르니아 등으로 발생하는데, 허리 · 둔부 · 대퇴근 · 후면 · 장딴지 · 발에 걸쳐 통증이 일어난다.

새 인턴의 내기

점심 식사 후 벤치에서 쉬던 1년차 인턴 둘이 앞으로 지나가는 사람 병명 맞추기 내기를 했다.

식은땀을 흘리며 다리를 묘하게 꼬면서 걷는 환자를 보고

인턴 1 : 편두통 간질 환자군.

인턴 2 : 뇌성마비 환자야.

인턴 1, 2 : 저~ 어디가 편찮으세요?

행 인 : 화장실이 급 … 해서 그러는데, 어디 있어요?

여기서 인턴(*intern*)은 의사 면허를 받은 후 일정기간 수련을 받는 수련의로 기간은 1년이다. 레지던트(*resident*)는 인턴과정을 마친 수련의로 수련기간은 4년인데, 이 과정을 마치고 소정의 시험에 합격한 자를 전문의라 한다.

혈액형

1950년대 초등학교에서는 혈액형 검사 때, 깨진 유리로 귓불을 찢어 유리판 위에 혈액을 묻혀 혈액형 검사를 했다.

우리의 백영흠 씨, 자기 혈액형이 B형이었다. 물론 방위 가서도 혈액형을 자신 있게 B형으로 썼고 B형 남자가 좋다는 영화제목 때문에 으쓱 하면서 살았다.

아, 그런데 우연한 기회에 혈액형 검사를 해 보니, 웬 까탈스럽다는 A형이 아닌가, 항상 B형 남성 성격이 어떻고 떠들던 것이 쑥스러워 집사람에게 하는 말,

'나이가 들어 체질이 바뀌니까, 혈액형도 바뀌었나봐!'

혈액형(*blood group*)은 적혈구와 혈청과의 응집반응을 기초로 한 혈액의 분류형이다.

분류방식에는 ABO식, MN식, Rh식, S식 등 30개 이상의 방식이 있다. ABO식이 일반적인데, O형이 약 45%, A형이 40%, B형이 10%, AB형이 5%이다.

간단한 친자 확인이나 범인 확인 등 법의학상 중요하고, 수혈시 같은 형이나 O형의 피를 선택해야 한다.

법조인 비틀기

법조인은 같은 인간으로서 죄와 벌을 결정하는 직업으로 높은 도덕성이 요구되는 직업이다.
법조인을 희화하여 느끼는 보통사람의 카타르시스는 역으로 법조인을 여전히 존경하고 있다는 현실의 반영이기도 하다.

변호사의 입 열기

> 조개는 칼로 열고
> 집은 열쇠로 열며
> 변호사의 입은 돈으로 열 수 있다.

이는 영국의 속담이다. 변호사들의 *no money, no move* 속성을 꼬집은 유머 있는 속담이다.

미국의 야구장에서 한 사람이 파울볼에 맞아 다쳤다. 친한 친구인 변호사에게 전화로 물으니, "응, 그건 펜스를 제대로 설치하지 못한 영조물 책임이 주최측에 있으니 손해배상 책임을 묻게" 하고 일러 주었다.

그런데 얼마 후 그 친구로부터 상담료 청구가 날아온 것이 아닌가? 열받은 이 친구가 다른 변호사 친구에게 전화를 걸어

"아니, 친구지간에 이럴 수가 있나?"

하고 하소연을 하니,

"그것은 정식으로 법률 상담을 의뢰하여 받은 것이 아니니, 이러이러 하게 처리하면 상담료를 안 주어도 되네."

하고 일러주었다.

고맙다고 인사를 하고 헤어졌는데,

다시 이 변호사 친구로부터 청구서가 날아왔다는 변호사 만능시대의 병폐를 꼬집은 유머가 있다.

법조인들도 은어를 쓴다

장 날 : 재판일

벙 커 : 까탈스러운 부장판사

몸배석 : 합의부 재판부에서 휴가 등으로 궐석될 경우 옆 재판부에서 판사를 꿔 와서 몸만 앉히는 경우

프 로 : 검사(검사를 의미하는 *prosecutor*에서 유래. 술자리 등 사석에서 검사들끼리 부르는 호칭이었는데, 나중에 판사들도 서로 프로라 부르게 되었다.)

몇학년? : 선배 검사가 후배 검사에게 경력 연수를 물을 때

법조계 문외한 중에는 부장검사가 차장검사보다 서열이 높은 줄 아시는 분들도 계신데, 그렇지 않다. 대법원에는 대법관 전원의 3분의 2 이상으로 구성되는 합의체(대법정)와 대법관 3인 이상으로 구성되는 부(소법정)가 있으며, 그 밖의 합의부는 판사 3인으로 구성된다.

피고인들의 은어

연기 태워주세요 : 피해자와 합의가 필요하니 재판 일을 한 번 연기해 달라는 뜻

역기 들었다 : 검사가 요구한 형량(형의 양정: 量定)과 재판부가 선고한 형량이 같을 때

양형은 범인의 연령 · 성행 · 지능과 환경, 피해자에 대한 관계, 범행의 동기 · 수단과 결과, 범죄 후의 정황 등을 참작하여야 한다. 제1심 판결의 형의 양정이 부당하다고 인정할 사유가 있는 때에는 항소이유가 된다.

구속사유

교도소 한 방에서 피의자들이 서로 자기는 억울하다고 하소연을 했다.

"나는 오토바이에 키가 꽂혀 있길래 호기심에 한 번 타보고 제자리에 갖다 놓으려 했는데 절도죄로 구속되었어요."…절도(진정성이 인정되면 사용절도)

"나는 길에 끈이 떨어져 있길래 집에 가져왔는데, 절도죄래요."

"아니, 끈을 주워왔는데 왜 절도죄요?"

"아, 그런데 그 끈 끝에 애완견이 매달려 있기는 하더라구요."

"나는 그냥 호텔 침대에 엎드려 있었는데 간통죄로 구속된 거예요."

"아니, 가만히 침대에 엎드려 있는데, 간통죄?"

"아, 그런데 하필이면 제 배 밑에 옆집 아주머니가 팬티를 벗고 있었어요."

사용절도(使用竊盜)란 타인의 재물을 임시 사용한 후 곧 반환할 의사로써 자기의 점유에 옮기는 것을 말하는 바, 통설 · 판례는 불법영득(不法領得)의 의사가 없다는 것을 이유로 절도죄가 성립되지 않는다고 본다.

다음 범행의 죄명을 쓰시오

Q : 여자가 남탕에 들어가면?

A : 방화죄

Q : 남자가 여탕에 들어가면?

A : 불법무기 소지죄

Q : 운전 중 말을 치어 죽였다. 죄명은? (이 문제는 실제로 있었던 일이에요.)

(말? 사람이 아니니까 살인죄는 아니고, 살마죄(殺馬罪)? 그건 말이 안 되고, 개도 아니고 말을 죽였으니 큰 죄는 죄인데… 한참 머리를 굴리다 쓴 죄명이)

Q : 인마살상죄(人馬殺傷罪)

이런 죄명은 없으며, 말(馬)도 재물이니까 업무상 손괴죄에 해당한다. 손괴죄에는 불법영득(不法領得)의 의사가 필요없다.

말을 비튼 유머로 짜증과 맞짱뜨기

• 장광혁, 천상 예술인이다. 유머의 달인임은 자타가 공인하는 바이지만, 인문 · 사회과학서를 100권이나 기획 · 편집 · 집필한 저술가이다. 그 풍부한 소재가 어디에서 나왔겠는가? 게다가 문화계의 마당발로 그가 공연기획을 하면 장르를 초월하여 정상급 예술인들이 총동원된다. 그는 참 행복한 사람이다. –강신구(전통예술평론가/전 세종문화회관 공연본부장)

• 만나면 만날수록 따뜻함을 느낄 수 있고 언제 만나도 기분 좋은 사람, 베푼다는 것이 무엇인지를 일깨워 주는 사람, 이러한 삶을 사는 그에게서 나오는 유머는 무언가 특별함이 있다. 직장에서 fun경영교재로는 물론, 온 국민에게 새로운 활력소가 될 것이다. –김세미(Image & Well-being life Academy 원장)

말이란 사람의 생각 따위를 목구멍을 통하여 조직적으로 나타내는 소리다. 말을 소재로 한 유머로는 외래어 특히 영어를 비튼 유머, 한자를 비튼 유머, 혀 짧은 소리와 말더듬기, 사투리 유머, 축약어(말 줄이기) 등 여러 기법이 있다.

차례대로 실례를 들어본다.

외국어 비틀기

물과 셀프

어린 손자 : 할머니, 물을 영어로 뭐라고 해?

할머니 : 그것도 모르냐? 음식점마다 "물은 셀프"라고 써있잖아. 좀 주의 깊게 보고 다녀라.

지구 표면의 약 70%가 물인데, 우리 인체도 약 70%의 물로 구성되어 있다. 지구의 5대양 6대주 대신, 인체에는 오장 육부가 있는데, 이는 우연이 아니다. 물은 자고 일어나자마자 너무 차지 않은 생수를 한 잔 마시는 것이 좋고 식사 전후 두 시간 내에는 물을 마시지 않는 것이 좋다. 그러나 식간에는 틈나는 대로 물을 마셔두는 것이 건강 뿐 아니라 피부에도 이롭다.

H_2O 와 HO2

엄 마 : 이 노래는 누구 노래야?

아 들 : HO2요.

엄 마 : 한심한 놈. H_2O지, HO2라는 말이 어디 있니.

물은 화학적으로는 산소 1과 수소 2의 화합물로서, 인공으로는 산소와 수소를 직접 화합시키거나 산과 알칼리를 중화시켜 얻을 수 있다. 여러 가지 화합물을 용해, 이온화하여 가장 중요한 용매로 쓰인다.

코(Nose)의 변신

이것은 코다 → 디스코(*this* → *disco*)

이것은 코가 아니네 → 이코노(*econo*)

다시 보니 코구나 → 도루코(*Dorco* 면도날)

또 다시 보니 코가 아니네 → 코코낫(*coconut*)

이 코는 기네 → 코오롱(*kolon*)

코감기에 걸리면 어느 의원을 찾으시는지?
내과선생님들께서 혼내시겠지만 호흡기 질환이므로 이비인후과를 찾는 것이 좋다. 특히 누런 코가 나오면 감기가 아니라 축농증으로 발전한 것이니 병 키우지 말고 빨리 이비인후과에 가시라.

한자 비틀기

2007년 후보 당시 이명박 대통령의 신년 휘호는 〈한천작우〉(旱天作雨)였다.

'백성이 간절히 바라면 비가 내린다' 는 뜻이니, 이 말은 정권 교체를 바라는 보수주의 성향 유권자들의 기대를 암묵적으로 잘 표현한 사자성어였다.

또, 2007년 7월 한참 BBK 네거티브 공격에 시달리던 당시 이 후보는 장맛비를 맞으며 북한산에 올라 본립도생(本立道生), 곧 '뿌리가 깊으면 흔들리지 않는다' 는 사자성어를 인용하였다.

그리고 대통령에 취임하신 후 2008년 신년휘호는 〈시화연풍〉(時和年豊)이니, '국민 화합과 경제성장' 의 화두(話頭)를 나타낸 사자성어다.

한자(漢字)의 음(音)과 훈(訓) 비틀기

딸 여(女) → 딸려 : 밤에 딸리면 의기소침해진다.

아들 자(子) → 아들 자! : 아들이 잔다는, 아내의 신호에 작전개시

아내 처(妻) → 아내 쳐 : 아내를 치다니, 못난 남편이네요.

한자란 중국어를 표기하는 중국 고유의 문자로서 기원전 10수세기의 은(殷)나라 때 이미 사용되었다. 상형(象形)·지사(指事)·회의(會意)·해성(諧聲)·전주(轉注) 문자 등으로 발달한 표의적(表意的) 음절문자로, 표음(表音)문자도 많으며 총수는 5만자가 넘으나 실용자수는 1만자 내외이다.

한자 이야기를 하다보니 실제로 있었던 에피소드가 떠오른다. 선친(고 장소팔 선생)께서 생존 때, 필자의 집은 가족들이 모이는 장소였다. 우리집 막내 여식이 유치원 다닐 때였는데, 자랑이 아니라 총명해서 천자문을 모두 외웠다. 아이가 할아버지에게 자랑을 하려고 천자문을 외우기 시작했다.

유치원생 : 하늘 천(天), 따 지(地), 검을 현(玄), 누를 황(黃), 집 우(宇), 집 주(宙)

그 때 옆에 앉아 있던 아이의 고모(문학박사 장미라, 모 대학에서 한문을 가르치고 있었음)도 따라 외우기 시작했다. 치명적 실수를 저지른 것. 왜냐구요? 계속 사건의 전개를 지켜보자.

유치원생 : 넓을 홍(洪), 거칠 황(荒), 날 일(日), 달 월(月)

아! 문학박사 고모께서 여기까지는 큰 소리로 장단까지 맞추며 따라하셨는데, 그만 여기에서 막힌 것이다. 유치원생은 고모 속도 모르고 낭랑한 목소리로 천자문을 계속 외운다.

유치원생 : 찰 영(盈), 기울 측(仄), 별 진(辰), 별자리 수(宿)

문학박사 고모는 어쩔 줄 몰라 손바닥으로 무릎 장단만 맞추고 있는데, 천하의 장소팔 어르신께서 그냥 넘어가실 리가 만무다.

어르신 : 아니, 장박사 계속 따라 하지 그러냐?

영문도 모른 채 유치원생의 천자문 낭독은 더욱 탄력을 받았다.

벌릴 렬(列), 베풀 장(張), 찰 한(寒), 올 래(來)……

여기서 우리는 보통 천자문 하면 한자를 처음 배우는 사람들이 익히는 초급한자 1000자를 모은 책으로 잘못 알고 계신데, 천만에 말씀이다.

천자문은 4자씩 구성된 250가지 문장으로 이루어졌으며, 여덟 글자가 모여 완전한 하나의 문장이 만들어진다. 그 내용은 고대 동아시아 특히 중국의 문명과 신화 그리고 역사를 담은 대서사시인 것이다.(『천자문 뎐』, 한정주 지음, 포럼)

즉 천지현황(天地玄黃)은 '하늘은 검고 땅은 누르다', 우주홍황(宇宙洪荒)은 '우주는 넓고도 거칠다'는 두 단문을 합치면,
'하늘은 검고 땅은 누르며, 우주는 넓고도 거칠다.'는 완전한 문장이 된다.
이는 성경의 창세기에 나오는 구절과도 맥을 같이 하고 있지 않은가?

천자문은 중국 위진남북조시대 양(梁)나라 황제 무제(武帝)가 옥에 갇혀 있던 주흥사(周興嗣)를 시켜 하룻밤에 천자문을 완성하면 풀어주겠다고 하자, 하룻만에 머리가 하얗게 새도록 안간힘을 써서 지은 문장이라는 말이 전해 내려온다. 그래서 천자문을 백수문(白首文) 또는 백두문(白頭文)이라고도 부른다.
하지만 주흥사는 992개의 글자로 124개 문장을 지었으나 마지막 8자를 만들지 못하고 새벽녘에 깜빡 잠이 들었는데, 꿈에 도인이 나타나 일러준 것이,
"다른 글자를 돕는 글자, 즉 '어조사에는 언 · 재 · 호 · 야가 있다.'는 문장이니, '위어조사(謂語助詞)는 焉哉乎也(언재호야)라'는 마지막 문장이다.

발음과 유머

비정상 발음

발음으로 유머를 하는 기법으로 속사포식으로 빠른 말과 말더듬이 흉내, 그리고 혀 짧은 소리가 있다. 속사포처럼 빠른 말 속도로는 필자의 선친이신 장소팔 어른과 찰떡 파트너 고춘자님이 최고 속도가 아니었나 하는 생각이 든다. 그러나 비정상적인 신체나 기능장애를 이용한 유머는 인권 차원에서 삼가는 것이 좋겠다.

하지만 다음과 같은 정도의 유머는 괜찮다고 보는데, 어떨까?

혀 짧은 강도

혀 짧은 강도가 갑자기 뒤에서 나타나 집주인을 협박했다. 그런데 하필이면 집주인도 혀가 짧았다.

강 도 : 꼼딱마다!

주 인 : 깜딱 놀랐따나 띠빨노마.

혀(舌, 설)란 동물의 입 안 아래쪽에 붙어 있는 기관으로, 운동이 자유로운 근육의 집합체이다. 사람에는 네 개의 고유한 설근, 즉 상종설근 · 횡설근 · 하종설근 · 연직설근 및 세 개의 다른 부분으로부터 온 설근과 인접 근육으로 이루어지며, 이것을 설체 · 설근 · 설첨 · 설배 · 측연 · 하연으로 나뉘는데, 설근에는 설근 편도선이 있다.

혀에는 맛감각이 분포되어 있는데, 혀 맨 앞이 단맛, 혀 양쪽이 신맛, 혀 끝(목구멍 쪽)이 쓴맛, 그리고 혀 전체에 걸쳐 짠맛 감각이 분포되어 있다. 우리가 소주를 마시고 '카아~' 하는 것도 혀끝을 바이브레이션시켜 쓴맛을 없애려는 무의식적 행위이다. 한편 매운맛은 감각에 의한 맛이 아니라 혀의 고통의 일종이다.

그런데 조선일보에 연재하는 조용헌님에 의하면 사주(四柱)에 양(未)과 용(辰)이 들어 있는 사람 중에 미식가가 많다고 한다. 용(辰)은 창자가 가장 긴 동물이라 많이 맛 볼 수 있고 양(未)은 좋아하는 풀만 먹는 짐승이므로 질(質)로 승부를 한다는 것이다.

너무 혀가 길다보니…

김국진이라는 재주 많은 개그맨의 이야기로, 골프도 수준급인 그는 순발력 강한 멘트로 소위 라이브에 강한 친구인데, 혀 짧은 소리가 단점이자 그의 트레이드마크처럼 되어 있다.

A : '당신은 혀가 너무 짧은 것 같아' 하자,

(시치미를 뚝 떼고 하는 말이)

김국진 : 원래 내 혀는 무척 길어. 그래서 혀를 한 번 말았더니 혀 짧은 소리가 나.

여기 '시치미를 뚝 떼다'는 말에서 시치미란 길들인 매의 발에 달던 소유자 표지였다. 그런데 이 표지(시치미)를 뚝 떼어내고 짐짓 자기네 매인 양 모른 체 하는 데서 유래된 말이다.

말더듬이와 유머

말더듬은 언어의 비유창성으로 인식되는 바, 말의 흐름이 방해받는 현상, 즉 말의 전진적 진행이 운동신경적으로 잘못 생긴 말소리나 음절 또는 낱말로 인하여 방해를 받거나, 이러한 말소리나 음절 또는 낱말에 대한 사람의 반응으로 인하여 방해를 받을 때 생기는 현상(*Van Riper*)이다.

말을 더듬으면 이것 자체로도 웃음이 유발된다. 그러나 말더듬이를 흉내 내어 억지웃음을 자아내는 일은 삼가하여야 한다.

밤늦은 시간, 서울 번화가는 택시잡기 경쟁장을 넘어 전쟁터를 방불케 한다.

A : 영등포 따블!

B : 강남 교보사거리 따따블!

(택시가 B에게 다가가는 순간)

C : 모래내 따따따… 블!

당연히 C를 극진히 모시고 모래내까지 왔는데, 웬걸 따블만 지불하는 것이 아닌가.

기 사 : 아니, 아깐 따따따블이라고 하지 않았어요?

C : 제 제 제 제가 마 마 말을 더더더듬거든요!

지금은 고3인 필자의 처조카가 말을 배울 때의 일이다.

명절 때 세배를 오면

기 사 : 너 집이 어디니?

조 카 : 천호동 따블이요.

당시 처남은 차가 없어 나들이 때마다 아이를 안고 '천호동 따블'을 외쳐대니, 아이는 제 집 동네 이름이 천호동 따블인 줄 알았던 것이다.

사투리와 유머

사투리란 한 나라의 말 또는 한 계통의 말이, 그 쓰이는 지역이나 계층에 따라서 소리 · 뜻 · 어법 등이 표준말과는 다른 말을 가리킨다. 이를 방언(方言) · 토어(土語) · 토화(土話) · 토음(土音) · 와어(訛語) · 와언(訛言)이라고도 한다.

경북대 국문과 백두현 교수는 "대구 지역의 생활어, 대구 사투리의 특성"이라는 논문에서 음절이 긴 어형을 짧게 줄이는 발음 습관이 대구 방언의 특징이라며, 이는 말을 자주 줄여 쓰는 요즘 젊은이들의 언어습관과도 통하는 현대적 요소로 볼 수 있다고 주장했다. 또 대구 사람들이 과묵해서 말수가 적어 '언어의 경제성' 측면에서 말을 줄여 쓰는 것으로 보인다고 한다. 그러나 충청도 축약어도 만만치 않아유!!

축약어의 원조는 대구

쌤 : 선생님

쌤예 : 선생님, 저기요!

얼라 : 어린이

깐얼라 : 갓난 아이

이랄라 카나 : 이렇게 하려고 하느냐

'어린이'라는 말은 '어른'과 같이 어린애를 높여서 부르는 말인데, 이는 소파 방정환 선생(서울 세종문화회관 뒤 로얄빌딩 앞에서 태어남)께서 지으셨다. 한편 방정환 선생 등 일본 유학생 모임인 색동회가 주동이 되어 1923년 5월 1일을 어린이날로 정하였다가, 1927년에 5월의 첫 일요일로 변경하고 다시 1946부터 5월 5일로 정하였으며, 1975년부터 공휴일로 지정되었다.

축약어의 진짜 원조는 충청도

충청도 사람보고 말이 느리다고 하는데, 원래 서울 사람 빰치게 말이 빠른 사람이 충청도 사람이다.

서울제비 : 사모님! 가정사 모두 잊고 오늘은 저와 춤 한번 땡기실까요?

충청도제비 : 출껴?

서울꽃뱀 : 오빠 너무 힘들어, 조금 쉬었다 하자.

충청도꽃뱀 : 빼!

6.25 때 이야기

6.25 때 충청도 출신 군인이 밤에 몰래 영내를 나가 볼 일을 보는데, 갑자기 보초가 총을 들이대며 '암호!' 하는 게 아닌가. 하도 깜짝 놀라,

암호 '열쇠' 를 깜빡 잊고 엉겁결에 사투리로 **'쇳대'** 했다가 총 맞아 죽었다나 어쨌다나…

여기서 암호(暗號)란 통신의 내용이 제삼자에게 들어가는 것을 막기 위해 당사자에만 이해되도록 꾸민 약속기호를 말한다.

월남전 때 이야기

월남 파병 용사 중 수색 중대에 경상도 출신 소대장 정광흠 소위가 소대원을 이끌고 수색을 나갔다. 갑자기 베트콩이 출현하자,

'수구리!' (수그리다의 사투리)

못 알아 들은 절반의 타향 출신 부하를 잃었다.

다시 수색 정찰을 계속하는데 다시 나타난 베트공,

'아까멘치로!' (종전처럼)

또다시 남은 부하를 모두 잃었단다.

바벨탑의 저주는 사투리에도 예외가 아닌가 보다.

구약성서 창세기에 나오는 탑으로, 바벨에 사는 노아(*Noah*)의 자손들이 홍수를 겪은 후 하늘에 이를 수 있는 높은 탑을 건축하기 시작하였으나, 하느님이 노하여 그 사람들 사이에 각각 방언을 쓰게 하니, 서로 말을 알아듣지 못하여 공사를 마치지 못하였다고 한다. 이 이야기의 바탕이 된 것은 바벨에 있던 지구라트 탑(*Ziggurat*, 塔)으

로 추정되어 20세기 초에 콜데바이(*Koldewey*)에 의하여 그 유적이 발굴되었다.

우리나라는 1965년부터 비둘기부대를 비롯하여, 백마부대, 은마부대, 십자성부대, 청룡부대, 그리고 맹호부대를 파병하였으니, 필자도 경기중학교 재학 중 음악시간에 "♩맹호부대 용사들아… 가시는 곳 월남땅 하늘은 멀지라도… ♪♬" 노래를 배운 생각이 난다.

당시 대통령 티우, 수상은 키였는데, 미국으로 망명하여 주유소를 운영하는 사진과 생명을 건 민초들의 탈출(보트피플) 사진이 오버랩되어 씁쓸한 느낌이었던 기억이 아직도 생생하다.

돈이 덥대?

징그럽게 후덥지근한 여름 날, 경상도 아낙네가 오랜만에 친구를 만났다. 그런데 한여름 그 친구가 들고 나온 망사지갑이 그렇게 시원해 보일 수가 없었다. 집에 돌아온 아낙네가 남편을 졸랐다.

"나도 망사 지갑 하나 사도."

자꾸 조르자 성난 경상도 사나이가 내지르는 말.

"이 가시나야, 와 돈이 덥다카다?"

여기서 망사(網紗)란 그물같이 설피고(거칠고 성기며) 성기게 짠 깁(사, 紗)붙이와 견(絹) 등으로 사라(紗羅)라고도 하는데, 필자가 어렸을 때는 양복점을 을지라사, 미미라사와 같이 OO라사 라고 하였고, 여성의류점을 송옥양장점처럼 OO양장점이라고 하였다.

셋째집의 파워

바람둥이 경상도 무뚝남의 귀거래사(歸去來辭)

본처집. '띵 똥!' (초인종을 누르면 안에서)

본 처 : 누구세요?

무뚝남 : 내다!

세컨드집. '띵 똥!' (초인종을 누르면 안에서)

세컨드 : 누구세요?

무뚝남 : 자기야~

써드집. '띵 똥!' (초인종을 누르면 안에서)

써 드 : 누구세요?

무뚝남 : 까꿍!

귀거래사(歸去來辭)란 중국 진나라의 도연명이 〈팽택〉의 영(令)이 되었을 때에 군(郡)의 장관이 의관을 갖추어 배알하라는 데 분개하여 그 날로 사직하고 귀향할 때 지은 글을 말한다.

전문대생

화끈녀 부산 여성과 소심남이 목하 열애중이었다. 여자에게 잘 보이려고 전문대 학력을 대졸이라고 뻥을 친 소심남이 키스를 하다말고, 거짓말 한 것이 켕겨서 하는 말

소심남 : 저… 전문대도 돼요?

화끈녀 : 젖 문태도 괘안타!

> 여기서 목하(目下)라 함은 목전(目前 : 눈앞)의 형편 아래, 바로 지금의 뜻으로 목금(目今)이라고도 한다.

경상도 축약어의 진수

① '할아버님 오셨습니까?' 를 경상도 사투리 세 자로 줄이면?

"할뱅교?"

② '몹시 시장하니 밥 좀 차려 주십시오' 를 경상도 사투리 두 자로 줄이면?'

"밥 도!"

③ '고등학교 수학선생님' 을 경상도 사투리 다섯 자로 줄이면?

"고다꼬 쑤악샘"

중국음식 축약어

마부장 : 오늘은 내가 쏜다. 중국음식 먹고 싶은대로 시켜라. 단 두 자로 된 음식을 시켜야 한다.(우동, 자장, 짬뽕 등 두 자 음식은 값이 싼 것을 미리 생각하고)

무대리 : 탕슉!(탕수육)

경상도 쌤의 생물 수업

선생님 : 연못 속에 작은 생물들이 억수로 많제, 그쟈?

학생들 : 선생님, '억수로' 가 무슨 말입니까?

선생님 : 그것도 모르나, 쌔삐릿따는 뜻 아이가?

학생들 : '쌔삐릿따' 는 무슨 말입니까?

선생님 : 수두룩 빽빽하다, 항~거석 있다는 말이다.

학생들 : 선생님, '수두룩 빽빽' 과 '항~거석' 은 무슨 말입니까?

선생님 : 이 멍청한 놈들아, 천지빼까리 있다 아이가!

즉 쬐매한 못에 작은 생물들이 쌔삐릿따카이!

여기서 생물(*organism*)이란 생명을 가지고 생활 현상을 영위하는 물체를 말한다. 원형질로 되어 있으며 영양 · 성장 · 증식을 하며, 보통 일정한 형태와 기능을 갖는 개체로서 존재하고, 대체로 일정기간 생존하는 수명이 있으며, 자기와 같은 종류의 개체를 생식한다.

겨울 · 경상도처녀 · 첫 만남

한겨울, 덕수궁 돌담길을 처음 만난 경상도 처녀 장화정 양과 서울 남자 소심남이 걷고 있었다. 너무 추운 날씨라 처녀는 남자가 양복 상의라도 벗어서 입혀주지 않을까 하는 낭만적인 생각에

(애교 섞인 목소리로) **"춥지예?"**

(소심남은 남자답게 보이려고) **"아니 괜찮은데요."**

(의외의 반응에 당황했지만, 알아들으라고 다시 한 번 더 찔러본다.)

"마··· 되게 춥지예?"

(이 무딘남 여전히) **"안 추운데요."**

(화가 머리 끝까지 난 경상도 처녀가 내뱉듯 한마디 한다.)

"문디 자슥! 주디가 시퍼렇쿠마!"

여기서 덕수궁은 서울 정동에 있는, 조선 선조 때에 지은 옛 대궐. 그 안에 석조전이 있고, 정문을 '대한문'이라 하는데, 원래 위치는 지금의 자리보다 앞에 있었다. 덧붙여 독립문도 고가 설치 때문에 원래 위치보다 뒤로 밀렸다.

경상도 처녀의 오해

경상녀 : 고향이 대구라꼬예? 아이고 반갑네요.

저도 대군데, 그럼 고등학교는 어디 나왔능교?

경상남 : 달고 나왔습더.

(남자들은 일반적으로 달성고등학교를 줄여서 '달고'라고들 한다.)

그런 아가씨는 어느 여고를 나왔는데예?

경상녀 : (뭐를 단단히 오해한 듯) 뭐 달고 나와, 아이고 저것도 머슴아라꼬··· 달고 나왔다 이거지. 그래, 나는 째고 나왔다 와?

경상남 : (발라당) !!

술 · 담배를 비튼 유머로

짜증과 맞짱뜨기

• "그동안 사람들에게 행동으로 기쁨을 주시더니 이제는 글로 즐거움을 주시다니… 대한민국은 이 책이 나온 날부터 행복합니다^^"
–조경환(삼우커뮤니케이션 대표)

• 서울의 도심, 어느 엘리베이터 안… 어색한 기운이 감도는데… 이 순간을 놓칠세라 그분의 재치만점 기지가 발현되는 순간– 우리 모두에게 유쾌한 웃음을 한껏 선사했던 기억이 제게 오래 남습니다. 사람과 사람의 관계, 소통의 방법을 그만의 색채로 풀어내는 이야기는 이 시대 우리가 오랫동안 빌려 두어야 할 '기분 좋은 여유'가 아닐까 생각됩니다. 여름을 알리는 시원한 빗줄기만큼이나 장.광.혁선생님의 이야기들이 우리 삶의 시원한 단비가 될 것을 믿어 의심치 않습니다. –오순희('ALMA FLAMENCA' 플라멩꼬 연구소 대표)

선망의 대상인 국립서울대학교 심볼은 이다.
물론 국립의 ㄱ, 서울의 ㅅ, 대학교의 ㄷ을 합성한 것이지만, 이를 두고 술의 ㅅ, 계집의 ㄱ, 담배의 ㄷ을 합성한 것이라는 우스갯소리가 있다. 남자들의 세계에서 이 세 가지는 영원한 숙제가 아닐 수 없다.

유머 있는 건배사

건배(乾杯)란 건강이나 행복 따위를 빌면서 서로 술잔을 높이 들어 마시는 일을 가리키나, 한자의 뜻으로만 보면 마를 건(乾)자에 잔 배(杯)자이니 잔이 마르도록, 소위 원샷을 뜻한다.

여기서 원샷에 관한 유머 하나.

때는 조선 숙종 때, 장희빈의 전횡이 드러나 사약을 내리셨는데, 그냥 고분고분 사약을 들 장희빈이 아니지 않는가.

"아니, 사랑하는 여인에게 사약을 내리시면서 나에게 편지 한 장 없단 말이냐? 못 마신다."

장희빈이 또 패악을 떠니, 내시가 쪼르륵 다가와,

"그렇지 않아도 대왕마마께서 잔 밑에 뭐라 쓰셨습니다."

아뢰니,

"그러면 그렇지, 어디 뭐라 쓰셨는지 보자."

사약 잔 밑에 또렷한 숙종대왕의 어필,

"원샷!"

> 건배사도 일종의 작은 연설이면서 그 자리에 맞는 덕담을 담은 짧으면서도 각인되는 내용이어야 한다. 한마디로 *Kiss*의 원칙에 입각해야 한다. *Kiss*란 *Keep it Simple and Shot* 이다.

건배사에서 「위하여」는 고전이 되어 진부하고, 이어령 선생은 초대 문화부장관 시절 그답게 「지화자!」 하고 선창하면, 모든 사람들이 「좋~다!」로 화답할 것을 제의한 바 있다.

요즘 회자(膾炙)되는 건배사로는,

보나 성! – 보다 나은 성생활을 위하여

연세드신 분들께서는,

나이야 가라! – 나이야 물러가거라.

강추 건배사로는,

당신 멋져! – 당신 멋지다는 뜻도 되지만,

당당하게 살자! 신나게 살자! 멋지게 살자! 그 다음이 멋진 말이다. 져주면서 살자!

'원더걸스' – 원하는 만큼 더도 말고 걸러서 스스로 마시자. 텔미 열풍 가수 그룹의 이름에서 나온 건배사이다.

'초가집' – 초지일관 · 가자! 집으로(2차 없음)

이외에 '당나귀!' – 당신과 나의 귀한 만남을 위하여

'개나리!' – 계급장 떼고, 나이는 잊고

'진달래!' – 진하고 달콤한 내일을 위하여

'나가자' – 나라를 위하여, 가정을 위하여, 자신을 위하여

'개나발' – 개인과 나라의 발전을 위하여

'사우나' – 사랑과 우정을 나누자

'위하여' – 여당 국회의원의 건배시

'위하야' – 야당 국회의원의 건배시

'위하고' – 고려대 출신 건배시

'위하세' – 연세대 출신'건배시

'위하서' – 서울대 출신 또는 서울시청 출신 건배시

'위하소' – 소망교회 출신 건배시

'일십백천만' – 하루에 한 번 이상 좋은 일을 하고
10번 이상 큰 소리로 웃으며,
100자 이상 쓰고,
1000자 이상 좋은 글을 읽고,

만 보 이상 걷자.

'자연보호!' – 남성 거시기를 연마하여 여성 거시기를 호강시키자.(얼른 못 알아들으면 알려고 절대로 노력하지 말 것)

'자연보호' 는 친한 동성 친구들끼리만 사용합시다!!

계영배 (戒盈杯)

술잔과 관련하여 우리 조상님들이 주신 교훈 하나

예부터 계영배(戒盈杯)라 하여 '그득 차는 것을 경계하는 잔' 이다.

이 무슨 뜻인고 하니,

이 잔에는 7할 정도 술이 차면 마실 수 있으나, 이 정도가 넘으면 술이 모두 술잔 밑으로 새어 한 방울도 마실 수 없게 고안되었다.

자고로 과불급(過不及)이라 했으니, 지나치면 못 미침만 못하다는 교훈을 주신 게지요.

술과 담배 유머

술을 도교(道敎)에서는 기화차(氣和茶)라 한다. 문자 그대로 기(氣)를 변화시키는 차이니, 술은 분위기에 따라 기분을 좋게도 변화시키고, 나쁘게도 변화시키며, 적당량은 몸을 좋게 변화시키지만, 과음은 몸을 나쁘게 변화시킨다.
가무(歌舞)의 곡조를 맞추어 흥을 돋구기 위하여 부르는 '지화자' 가 '기화차' 에서 나온 말이라는 흥미로운 설도 있다.
술은 자고로 여성과 유머와 찰떡궁합이 아니겠는가. 필자 왜 하필이면 술이라는 이름이 붙었는가 장소팔 어른께 물으니, '술술 넘어가서 술이지' 하신다.

하도 귀가 심심해서

선친(고 장소팔 선생)께서 내신 퀴즈 하나.

아버지 : 너 술을 마실 때 왜 술잔을 부딪치는지 아냐?

아 들 : ?

아버지 : 눈으로는 술과 안주의 아름다움을 즐기고, 코로는 그 향을 즐기며, 입으로는 맛을 즐기는데, 귀만 심심해서 술잔을 부딪치는

것이란다.

음주10계명

일 차에서 끝내고

이 차 이상은 절대로 가지 맙시다.

삼 차 이상 가는 사람은

사 람 잡을 사람이니 근처에도 가지 마세요.

오 직 자기 주량대로만 마셔

육 체를 혹사시키지 맙시다.

칠 칠치 못하게 끌려 다니다 다음날 후회하지 말고

팔 팔하게 살아갑시다.

구 차한 변명은 늘어놓지 말고

십 계명 지켜서 자신과 가정을 지킵시다.

음주 119

1 일차만

1 한 가지 술로만

9 9시까지는 귀가합시다

술 취한 풍경

술에 취해 객기를 부리다 옆 테이블과 시비를 붙었는데,

객기남 A : 너희들은 뭐하는 놈이야?

험상남 B : 나는 양은이파이다.

진상남 C : 나는 김태촌파이다.

B,C : 그런 너는 뭐하는 놈이냐?

객기남 A : (잔뜩 졸아서) 저는 초… 초… 초코파인… 데요~~

권주(勸酒)와 핸드폰

가을 동화 드라마 작곡가로 의협심이 강한 KBS 음악감독 출신 김병식 후배는 거나하게 술이 취하면 술 마시는 속도가 빨라진다. 잔이 비어있는데도 모르고 필자가 술을 따라주지 않자, 바로 옆자리에서 앉아 있으면서 핸드폰으로 전화를 걸어

"형, 술 좀 따라 주세요! 딸꾹!"

준비하시고 ~~ 싸세요!

그야말로 한 번 전국노래자랑 진행자는 영원한 진행자라는 말이 걸맞은 송해 선생은 선친(민요만담가 장소팔)과의 인연으로 필자와 셋이 자주 약주를 드셨겠다.

세 사람 모두 소주 각 다섯 병의 호주가라, 그 날 저녁도 소주 열 다섯 병을 마시고 맥주로 입가심을 한 다음, 양주로 마무리를 하고 다음날 새벽에 헤어졌는데, 하필이면 그 날이 주택복권 생방송이라.

송 선생님 특유의 어정쩡한 자세에 잔뜩 힘을 주고 그 유명한,

"준비하시고~ 쏘세요!" 멘트를 날리는 순간,

아! '쏘세요'를 '싸세요'로 착각하셨는지 약간 설사끼가……

설사, 사실로 믿지는 않겠죠?

하여튼, 1969년 선보인 주택복권도 로또(*Lotto*)라는 전자식 복권에 밀려 2006년 역사의 뒤안길로 사라졌는데, 원래 로또는 1530년 이태리 피렌체 지방에서 발행되어, 제비뽑기 또는 운명이라는 뜻의 로트(*Lot*)에서 유래된 말이다.

우리나라 복권의 시초는 조선조 후기 산통계(算筒契)를 그 효시로 본다. 곗날 계군들이 곗돈을 거둬, 통 속에 알을 넣고 흔들어 뽑힌 사람이 계를 타갔는데, 곗돈 탄 사람이 다음 곗날 나타나지 않고 삼십육계 줄행랑을 놓으면 계가 깨졌으니, 이름 하여 '산통 깨다'

여러분! 산통 깨지 맙시다!!!

술의 종류

오십세주 = 백세주 + 소주

설산주 = 설중매 + 산소주

천국의 눈물 = 천국 + 참이슬

백두산 = 백세주 + 산소주 2병

소백산맥 = 소주 + 백세주 + 산사춘 + 맥주

시치미 '뚝'

양홍권 선생 오늘도 술에 취해 귀가하시다가 소위 퍽치기를 당해

지갑을 빼앗기고 얼굴을 다쳤다. 집사람이 잠든 틈을 타 화장실에서 소독약을 바르고 반창고까지 붙인 다음 집사람이 깨기 전 일찍 출근을 했다. 양 선생, 완전범죄를 꿈꾸다!

그런데 집사람 전화소리가 귀청을 때린다.

'당신 매일 술에 취해 다니더니 이제는 얼굴까지 깨져서 다녀요?'

(어찌 알았을까… 조마조마하면서도 시치미를 뚝 떼고)

'뭔 아침부터 김밥 옆구리 터지는 소리를 하는겨?'

'그럼 왜 멀쩡한 화장실 거울에 머큐롬에 반창고까지 붙여 놨어요?'

> 우리가 흔히 머큐롬, 예전에는 빨간 약, 더 예전에는 '아까징끼'라고 불리는 소독약은 머큐로크롬(*Mercurochrome*)으로 유기 수은 화합물인데, 녹색 또는 녹색을 띤 적갈색 비늘 모양의 결정으로 수용액 또는 연고를 만들어 환부에 바르는 것이다.

술꾼과 열쇠

술만 취하면 열쇠를 잃어버리고, 새벽에 아파트 초인종을 눌러서 이웃을 깨우곤 하는 이무섭 선배! 하도 미안해서 키를 음성인식 시스템으로 교체했다.

'문~ 요려라~'

혀 꼬부라진 소리를 하니 음성인식 시스템에서의 답신

'우리 주인님 아닌데요~'

할 수 없이 지문인식 시스템으로 교체했으나 룸살롱에서 무엇을(?) 오래 만지셨길래 그 옛날 구정 전날 공중목욕탕 다녀온 사람처럼 손가락이 퉁퉁 불어서 지문 인식판에 손가락을 대니 역시,

'우리 주인님 아닌데요!'

할 수 없이 홍채(虹彩 : 안구의 각막과 수정체 사이에 있는 원반상의 얇은 막) 인식 시스템으로 교체하고 눈을 들이대니 초점이 풀어진 눈이라 역시

'우리 주인님 아닌데요!'

담배 퀴즈

Q 1 : 담배는 있는데, 라이터가 없는 사람

A : 불 필요한 놈

Q 2 : 라이터는 있는데, 담배가 없는 사람

A : 불만 있는 놈

Q 3 : 담배도 없고 라이터도 없는 놈

A : 입만 가진 놈

담배와 관련된 속담으로는

- **담배는 용골대**(龍骨大 : 청나라 태종 때 장수로 병자호란 때 우리나라에 옴)**로 피우네** – *heavy smoker*
- **담배씨네 외손자** – 담배씨가 몹시 잘므로, 성격이 매우 잔 사람을 두

고 이르는 말.

- **담배씨로 뒤웅박을 판다** – 잔소리를 몹시 하며 미주알고주알 캐는 사람을 이르는 말.

여기서 뒤웅박이란 쪼개지 아니하고 꼭지 근처에 구멍만 뚫고 속을 파낸 바가지를 일컫는 말이다.

담배가 서는 연유

일본에 사는 까미(피부색이 까맣다고 까미라 부른다)라는 사회동생이 있는데, 몸매가 참 예쁘다. 압구정동에서 까미가 담배를 꼬나물고 피우다가 화단에 꽁초를 던졌는데 담배가 딱 서는게 아닌가? '어쩌다 섰겠지' 하는데 두 번째 꼬나문 담배도 꽁초를 휙 던지자 또 섰다. 하도 신기해서 물었다.

"어떻게 하면 담배꽁초를 세울 수 있어?"

"내가 빠는데 지가 안 서고 배겨?"

꽁초(-草) 이야기를 하다보니 공초(空超) 오상순(吳相淳)선생님 생각이 난다. 애연가로 유명해서 '공초'를 '꽁초'로 부르기도 했다. 선생은 1920년 〈폐허〉동인으로, 〈허무혼의 선언〉, 〈아시아의 마지막 밤풍경〉 등 당시 범람하던 서정시에 사상성을 불어넣었다. 방랑과 참선과 애연으로 독신생활을 하였으며, 허무를 관념적으로 긍정하고 그것을 의지화하려는 면이 선생의 시를 지배하고 있다. 1963년에 작고하셨다.
아직도 담배 피우는 분 계세요? 당신이 지금 당신에게 할 수 있는 최고·최선의 목적적 행위는 금연입니다!

유머로 이성의 무관심과 맞짱뜨기

• 일본에 집이 있어 자주 들락거리는 나는 귀국하자마자 장광혁 후배를 찾는다. 그의 세상사를 풍자한 유머를 듣고 한바탕 소리 내어 웃다보면 스트레스가 확 날아감은 물론, 한달치 신문을 안 봐도 한국물정이 손바닥 보듯 훤해진다. 그의 유머는 정곡을 찌르면서도 감칠맛이 난다. 눈을 감고 들으면 남인수 선생의 유성기판을 틀어놓은 듯 간드러진 그의 〈애수의 소야곡〉 노래솜씨는 또 어떻고!

—남상규(가수 / 고향의 강 · 추풍령고개)

• 정말로 오랜만에 유머다운 유머를 만나니 체증이 다 내려가고 머리가 맑아진다. 한참을 웃다보니 십년은 젊어진 것 같은데, 눈가 주름이 늘어났을까봐 걱정이 된다. 하지만 웃어서 생긴 주름은 그 모양도 아름답다니, 마약 같은 유머에 조금 더 빠져 볼까나. —양다혜(주 · 젤로스 대표이사)

인류의 탄생 이후 얼마나 많은 남자들이 아름다운 이성을 설득해서 sex를 하려고 투쟁하였던가. 또 치열한 동물 수컷들의 짝짓기 전쟁은 어떻고.

돈과 권력, 준수한 외모 경쟁은 성형수술 천국을 만들었고, 공작새의 화려한 깃털, 단 한 번의 사정의 쾌감을 위해 태평양을 거슬러 한반도 샛강 상류까지 거슬러오는 목숨을 건 연어들의 대장정은 또 어떻고.

여기에 식물까지 끼어들어 벌과 나비를 중신애비 삼아 수정을 하려는 처절한 꽃들의 화려한 자태는 또 어떻고.

이 세상의 역사는 이성을 설득하려는 역사를 중심으로 흘러왔다고 해도 지나치지 않다.

돈도 권력도 준수한 외모도 뒷받침이 안 되는 사람들, 천만다행하게도 인간에게는 이성을 혼미하게 마취시키는 천연방향제 유머가 있지 아니한가.

물안개와 남과 여

두물머리, 남한강과 북한강이 숙명적으로 만나는 곳. 두 물이 만나 두물머리요, 한자로는 양수리라 부르는 곳. 이곳은 또 물이 오른 남녀가 만나는 분위기 있는 모텔로도 이름난 곳이다.

거기에 물안개까지 피어오르니 그 몽환적 풍경은 더욱 남녀를 달아오르게 한다.

27세 된 청년이 40대 초반의 물오른 유부녀와 데이트를 즐기러 양수리까지 왔는데, 여인은 출장 갔다던 남편이 일정이 바뀌어 귀가한다는 핸드폰 연락을 받고 바로 서울로 떠났다.

손대면 톡 하고 터질 것 같은 거시기를 억지로 참으며, 급한 김에 지나가던 아가씨에게 간청했다.

청 년 : 한 번만 주면 안 될까요?

처 녀 : 짝! (바로 따귀 부치는 소리에 이어 처녀가 하는 말)

물안개! (물론 안 되지, 이 개OO야!)

하도 급해서 경상도 할머니 두 분이 지나가시는데, 그 중 그래도 예쁜 할머니에게 부탁해 보았다.

청 년 : 할머니, 급해서 그러는데 한 번 주시면 안 될까요?

예쁜 할머니 : (씩, 웃으며)

물안개! (물 안 나와도 개안나?)

그 옆에 있던 못 생긴 할머니 : (화를 벌컥 내시며)

물안개! (나한테는 물어도 안 보냐, 이 개OO야!)

이번에는 청년이 말했다.

물안개! (못생겨서 내 **물**건이 **안** 서도 **개**안나요?)

캬캬캬

이 유머는 앞부분은 인터넷에 올랐지만 뒷부분은 필자와 대화를 나누던 중 시인이신 모 여교수님께서 보완해서 완성한 작품이다. 필자 일행이 포복절도한 것은 컨텐츠에도 있지만, 유머를 한 당사자가 전혀 이런 유머를 사용할 분이 아닌 최고의 지성인이라는 데 있다.

유머의 의외성이여, 항상 신선할지니!

남성을 만족시키는 단 하나

여성을 만족시키는 방법은 수없이 많다. 우선 그녀를 인정해 준다. 그녀의 말을 끝까지 들어 준다. 그녀와 같은 취미를 갖는다. 그녀의 변덕을 기꺼이 받아들인다. 그녀의 약점까지 사랑한다. 등등…

그러나 여성이 남성을 만족시키는 단 하나의 방법은?

'한 번 준다.'

전 세계를 뒤집은 여자

한국 여성이 뭐로 전 세계를 뒤집었느냐고요?

전(煎)을 붙이는데 고추전, 호박전, 가지전을 뒤집었으니까

전 세 개(全世界)를 뒤집은 거지.

여기서 전(煎)이란 번 철 – 지짐질할 때에 쓰는 솥뚜껑을 잦힌 것처럼 생긴 무쇠 그릇으로 적자(炙子) 또는 전철(煎鐵)이라고도 한다.

걸프전 취재

쿠웨이트에서 전장을 누비며 맹취재 중인 우리의 이진숙 기자.

걸프전 이전에는 회교문화의 영향으로 남자가 앞장을 서고, 여자는 뒤를 좇아다녔는데, 걸프전이 터지고 취재차 다시 가 보니 남자들이 여자 뒤를 졸졸 따라 다니는 것이 아닌가.

이진숙 기자 : 걸프전 이후 여성의 지위가 급격히 향상 되었나요?

남자들이 여자 뒤를 졸졸 좇아다니는 이유가 뭔가요?

쿠웨이트 여성 : (한심하다는 표정으로)

남자들이 지뢰를 무서워하다보니…

여학생만의 특권

포천에 있는 스파르타식 대입 재수 전문학원에서의 일이다.

규율이 엄격해서 8시만 되면 기숙사 출입을 통제하는 것이었다. 남학생이 담배를 사러 나가려는데, 훈육주임이 눈을 부라리고 문을 지키고 있었다. 그런데 여학생 하나가 손을 머리에 얹어 M자 표시를 하니 웃으며 문을 열어 주는 것이 아닌가? 남학생도 '옳다' 하고 떳떳하게 M자 표시를 하며 나가려 하자, 훈육주임이 뒷덜미를 낚아채며 하시는 말씀,

"너도 멘스하냐?"

여기서 스파르타식 교육이란 고대 그리스 최강의 도시국가 스파르타에서 행해진 극히 엄격한 국가주의적 교육으로, 남자는 7세가 되면 공육소에 입소하여 훈련복 차림에 검소한 식사를 하며 오로지 용감한 전사를 양성한다는 목적 하에 교육을 하였듯, 스파르타의 엄격한 교육을 본뜬 교육방법을 말한다.

여자의 변신은 무죄

어떤 여성이 거리 초상화가에게 자신을 예쁘게 그려 달라고 신신당부를 하니, 정말 자기도 못 알아볼 정도로 아름다운 여성이 탄생했다.

너무 좋아 표구를 하러 갔더니, 표구 주인 왈

'누구 초상화예요?

여기서 초상(肖像)이란 사람의 용모 · 용태를 그린 화상 또는 조상(彫像)을 말한다. 한편 초상권(肖像權)이란 인격권의 하나로, 자기의 초상을 사용하는 데 관한 독점권을 말한다. 승낙 없이 자기의 초상이 전시되었거나, 그림엽서에 사용되었을 경우에는 초상권의 침해로 손해배상을 청구할 수 있다.

책과 여성

첫째, 표지(얼굴)가 거의 선택을 좌우한다.

둘째, 표지가 안 좋으면 포장지(화장)를 씌워서 다닌다.

셋째, 세월이 흐르면 색이 바랜다

넷째, 아무리 봐도 이해되지 않는 구석이 있다.

다섯째, 파는 것(직업여성)과 팔지 않는 비매품이 있다.

농아 여성과 말이 통하는 단 한 사람

농아 여성 이선희를 사랑한 한 남성 이 시대 마지막 휴머니스트 채성용 감독만이 그녀와 완벽하게 대화가 통했다. 한밤중에 불이 났는데 마침 소변이 마려워 새벽잠에서 깬 이선희가 이를 발견했다.

선 희 : (브래지어를 올리고 젖가슴 사이에 사람 인(人) 자를 써보였다)

행 복 : 뭐? 불이 났다구! 어디서?

선 희 : (팬티를 벗고 그곳을 가리킨다)

행 복 : 응~ 털보네 구멍가게에 불이 났다구~ 그래서 얼마나 탔어?

선 희 : (이번에는 성용 씨의 팬티를 내리고 남성을 꽉 잡는다)

행 복 : 아~ 기둥만 남고 타버렸구나~

듣지 못하는 분을 농자(聾者), 말하지 못하는 분을 아자(啞者)라 하는데, 듣지 못하는 분들 대부분이 말하지 못하는 분들이라 이를 농아자라 칭한다.

필자가 운보 김기창 화백의 자서전을 출판하려 『마루타』 작가 정현웅 선생과 함께 17년 전 몇날 며칠을 필담을 나눈 적이 있는데, 운보 선생님의 경우에는 부인 김래향 화백이 생전에 입에 손을 넣어 혀의 위치를 일일이 일러 주며 발음을 가르쳐 주신 덕택에 조금 말씀을 하시던 기억이 생생하다. 한편 형법 제 11조에 의거 농아자는 형을 감경하도록 되어 있다.

개밥과 도토리

여대생이 버스를 타자 맨 뒷줄에 한 자리가 비어 있는데, 하필 6명이 모두 남학생이었다. 조금 어색하지만 비집고 앉으니 한 남학생이 하는 말.

'개밥에 도토리 구먼'

(여대생 먼저 내리면서 하는 말)

'개밥들아, 잘 있어라. 도토리 내리신다.'

내 남성 돌려도

집사람은 자기가 벌어다 주는 돈으로 빈둥빈둥 놀고 자기만 혀 빠지게 고생을 하는 것처럼 느낀 푼수남이 하느님에게 간절히 기도를 하여 사흘만 남녀 성(性)을 바꾸게 되었다.

아, 그러나 이게 웬일. 막상 여성이 되어 아침밥 하랴, 설거지 하랴, 집안 청소에 하루 종일 우는 아이 돌보기, 빨래, 저녁식사, 설거지, 다리미질, 거기에 밤일까지 하고 나니 녹초가 되었다. 다시 하느님께 사흘이 아니라 바로 원위치를 시켜 달라고 기도를 하니 하느님께서 하시는 말씀.

"그건 안 될 일이다. 사흘이 아니라, 이제는 네가 최소한 10개월은 여성으로 그냥 지내야 한다."

하시는 게 아닌가… 이게 웬 날벼락.

하느님께

"어째서 10개월이나 제가 여성 역할을 해야 합니까?"

따졌다.

"어제 너는 임신을 했느니라."

남자가 임신을? 얼마나 무서웠을까? 대상에 따라서 무서운 것이 정해져 있다. 심청이는 바다가 무섭고요, 제비는 놀부가 무섭고요, 토끼는 낮잠이 무섭고, 연예인은 몰카가 무섭고, 치질환자에게는 된똥이 가장 무섭대요.

–이번에는 무서운 것 말고 대상에 따라 싫은 것이 있다. 퀴즈 하나!!

Q : 어부들이 가장 싫어하는(기피하는) 가수는?

A : 배철수 (배가 철수하면 어부들은 굶어죽죠.)

혹시 도(道)를 믿으십니까!

미끈하게 뻗은 다리에 아킬레스건 5mm, S라인 몸매에 생머리가 바람에 물결을 친다. 최용호 전무님 침을 삼키며 좇아가서 용기를 내어

"저기~… " 미녀가 돌아보는 순간,

'허걱' 리모델링을 해야 할 얼굴이다. 뭐라고 해야는 겠는데…

"혹시 도(道)를 믿으십니까?"

당신 독신이지

한 여성이 수퍼마켓에서 망치, 못, 머그잔 1개, 스푼 1개를 샀다. 뒤에 서 있던 남성이 확신에 찬 목소리로 물었다.

남성손님 : 저, 앞 손님은 독신이지요?

여성손님 : (기분좋은 목소리로) 어떻게 아셨어요?

남성손님 : 되게 못생겼으니까.

스펠링 R의 존재 이유

미국 메이저리그에서 활약하는 박찬호의 성(姓)을 미국 신문에서 표기할 때 PARK으로 표기한다. 그런데 맨발의 천사 박세리는 같은 박(朴)씨인데 PAK으로 표기한다. 안 되는 줄 알면서 왜 그랬을까? 박찬호에게는 '알'이 있고, 박세리에게는 '알'이 없기 때문이라나. 예끼! 여보슈.

개인 명예를 훼손할 의도는 전혀 없으니, 유머 자체로만 봐 주세요.

한여름 밤의 꿈

비록 구걸하는 깡통은 앞에 놓여 있지만 장발에 시니컬한 미소, 멜랑콜리한 표정의 걸인이 허스키한 목소리로 기타 반주에 맞춰 음유시인처럼 노래를 부른다. 매일 지나가던 청순형 처녀가 눈길을 맞추며 쪽지를 건넨다.

'오늘밤 10시에 광장 시계탑에서 만나요!

시계탑에서의 첫 포옹!

아리따운 처녀를 포옹하는 순간, 가슴이 몹시 아프고 깡통 찌그러지는 소리가 들린다. 이 소리에 화들짝 놀라 깨니,

구걸 깡통을 껴안은 채, 아 한여름 밤의 꿈이었구나.

> 여기서 '한여름 밤의 꿈'은 셰익스피어가 지은 희극 5막으로, 아마존 여왕 히포리다의 혼례의 밤에 아테네 교외의 숲에서 네 쌍의 결혼애가 성립된다는 환상적 이야기이다. 여기에 멘델스존이 관현악곡을 붙였는데, 〈결혼 행진곡〉은 그 한 부분이다.

눈 먼 사랑

박사과정 : 교수님, 어느 언어를 연구해 봐도 '사랑에 눈이 멀다' 라는 말이 있는데, 왜 그런거죠?

교수님 : 사랑에 빠지면 낮에도 더듬잖니?

고백

미모의 간호사와 열애에 빠진 훈남에게 고민이 한 가지 있었으니, 자기가 보기에 남성이 너무 작았다. 호텔까지 왔는데 도저히 바지를 벗을 용기가 안 났다.

훈 남 : 저, 고백할게 있어요. 사실은 저~ 거시기가 너무 작아서…

간호사 : 괜찮아요. 저는 매일 작은 고추만 보고 사는걸요.

훈 남 : ??

간호사 : 아, 저 신생아실에 근무하거든요.

혼남 : !!

미모! 이미 기원전 600년 그리스의 시인 사포는 "예쁘면 다 착하다"고 발칙하지만 오늘날까지 유통기한인 글을 남겼다. 울리히 렌츠가 쓰고 박승재가 옮긴 〈아름다움의 과학〉(프로네시스 발행, 2008)에 보면 갓난아기조차 미인을 알아보며, 뇌가 미인을 알아보는 데 0.15초면 충분하다는 실험결과를 '미인의 공식을 찾아라' 편에서 밝히고 있다. 인도적으로 보면 괘씸한 이론이지만 따지고 보면 아름다움도 일종의 권력이고 이에 스스로 복종하고 노예가 되고자 원하는 무수한 남성이, 또 여성이 있음은 부인 못할 사실이다. 그러나 결론은 썰렁하게 내리자.

'아름다움으로부터 자유로워져야 진정하게 아름다울 수 있다!'

자선파티잖아요!

정해복지법인에서 연말에 해외 한국어 알리기 사업 기금마련 자선파티가 열렸다. 심각한 수준의 여성에게 기막힌 귀공자풍의 이충범 변호사가 긴 다리로 성큼성큼 다가가 정중히 춤을 청했다. 심각녀는 그래도 자신에게 뭔가 매력이 있나보다 싶어 물었다.

"저처럼 못생긴 여자에게 왜 춤을 청하셨지요?"

이 변호사는 꿈길처럼 부드러운 목소리로 귀에 대고 속삭였다.

"자선파티잖아요!"

‘라 돈나 에 모빌레’ ♪

그 유명한 ‘여자의 마음’ 아닌가.

“나는 싫은데 그이가 나의 이마에 키스를 했다. 다음에 만날 때에는 아주 높은 구두를 신고 나가야지.”

* 형광등 독자만 보세요. ☞ 그래야 입술에 닿죠.

조폭과 아줌마

첫번째 공통점은 대체로 칼을 잘 쓴다.

두번째 공통점은 떼 지어 몰려다니는 경향이 있다.

세번째 공통점은 ‘형님’ 이란 말을 자주 쓴다.

네번째 공통점은 제 식구들은 끔찍이 챙긴다.

언니와 아줌마 감별법

약속장소에서 조용히 손들며 “여기요”라고 작게 외치면… 언니,

큰소리로 “형님!” 하고 외치면… 아줌마

미용실에서 “무조건 예쁘게 해 주세요”하면… 언니,

“무조건 오래가게 해줘~잉” 하면… 아줌마

목욕탕 휴게실에서 수건을 몸에 감으면(가릴 걸 가리면)… 언니,

수건을 머리에 감으면… 아줌마

골반바지를 입고 살이 드러나도 그냥 있으면… 언니,

계속 바지를 치켜 올리면… 아줌마

유머로 가족의 위기와 맞짱뜨기

• 선생님 보약 한 재 지으러 갈게요. 선생님 유머만큼 사람을 아름답게 만드는 보약이 이 지구별 어디에 또 있을까요. 만원에 온 국민에게 희망보약을 지어주시는 웃음의 화타이며 편작이신 선생님이 계셔서 대한민국 국민은 행복합니다. 선생님의 말씀이 출간되니 감사와 기쁨 그리고 존경의 박수를 보냅니다. –장화정(작은행복의 소리 대표이사)

• '유머는 역경을 극복하는 완벽한 수단이다' 라는 말이 있습니다. 이처럼 유머는 삶의 윤활유일 뿐 아니라 원동력임에 틀림없습니다. 어떤 대목은 껄껄 웃음을 터트리기도 하였고, 또 웃다가도 곰곰이 의미를 생각하게 하는 깊은 대목도 있었습니다. 기지가 넘치는 이 시대의 유머 전도사, 장광혁 선생님의 이 책을 보다 많은 분들께 권해드리고 싶습니다.
–김범석(사회복지법인 열매나눔재단 사무처장)

가족이란 부부를 중심으로 하여 한 집안을 이루는 사람들을 말하고, 식구(食口)란 한집에서 같이 살며 끼니를 함께하는 즉 한솥밥을 먹는 사람을 말하며, 가정이란 부부를 중심으로 혈연관계자가 함께 살고 있는 사회의 가장 작은 집단을 말한다.

이처럼 가족은 부부가 그 중심이 된다. 자고로 가화만사성(家和萬事成)이라, 가정이 평화로워야 모든 일이 잘 풀리는 법이다. 그러려면 우선 부부간에 상대를 잘 설득하여 신의를 쌓아야 하며, 부모 · 자식 간, 형제간에 돈독한 대화로 커뮤니케이션이 잘 이루어져야 한다.

동맥경화도 소통의 차단에서 오는 현상이니, 가족 간의 대화는 바로 자신의 생존바탕을 단단하게 다지는 일이다. 가족들은 서로 존경하여야 한다. 부부간에도 존칭어를 쓰는 것이 바람직하다. 존칭어를 쓰다 보면 존경하는 마음이 자연스럽게 우러나온다.

여보란 여보(如寶)이니 '보배같은 사람아' 란 호칭이고, 당신이란 당신(當身)이니 '내몸같은 사람아' 란 뜻이다.
자식을 개인의 인격체로서 대하라. 교육자와 피교육자의 입장이 아닌 유머 있는 리더로서 최소한의 간섭만 하라. 비뚤어지지 않도록 유머 있는 대화의 울타리만 쳐라.

자, 이제부터 가족을 소재로 한 유머를 즐겨 보자.

무와 비너스

무와 여성의 공통점은?

첫째, 속을 모른다.

둘째, 바람이 들면 못쓴다.

셋째, 밑둥이 더 맛있다.

넷째, 고추와 잘 버무려야 제맛이 난다.

과일과 비너스

여성의 나이를 과일에 비유해 본다.

10대는 포도다.

보면 따먹고 싶지만, 막상 따먹어 보면 씨가 있어 귀찮기만 하고 별볼일이 없다.

20대는 밤이다.

까기가 힘들어서 그렇지, 날로 먹어도 맛있고, 삶아 먹어도 맛있고, 구워 먹어도 맛있다.

30대는 수박이다.

칼만 대면 저절로 쫙! 하고 갈라진다.

40대는 석류다.

가만 두어도 저절로 벌어진다.

50대는 홍시다.

빨리 따먹지 않으면 썩어서 떨어진다.

60대는 토마토다.

과일도 아니면서 과일인 척 한다.

70대는 곶감이다.

과일은 과일인데 전혀 물이 없고 가죽 같다.

토마토가 가짓과에 속하는 야채인 것은 아시죠? 이 토마토를 올리브유에 무쳐 뭉근한 불에 데쳐 먹으면 남성들의 전립선에 그만이다.

여자의 마음은

남편밖에 모르는 여자 – 한심(一心)한 여자

남편 외에 애인이 하나 있는 여자 – 양심(兩心)있는 여자

남편 외에 애인이 둘 있는 여자 – 세심한 여자

남편 외에 애인이 셋 있는 여자 – 사심 없는 여자

남편 외에 애인이 아홉 명 있는 여자 – 열심히 사는 여자

숫자가 맞아 떨어지지 않는 이유는 남편까지 포함해서 세었기 때문이다.

처(妻)의 종류

처(妻)의 원 한자는 일사(事)에 계집 녀(女)를 붙여서 여자는 일만 해라, 이런 깊은 뜻이 있었다지 뭔가. 그런데 가만히 보니 말이 많은 거라. 그래서 입구(口)자를 빼어 '여자는 입 다물고 일만 하라' 고 오늘날의 처(妻)자가 되었다네. 이런 소리 하고도 괜찮으냐구요? 농담도 못합니까?

아침마다 요강을 비우는 → 조강지처

지금 매우 지쳐 있는 → 현지처

현명한 어머니가 될 자격이 있는 여자 둘을 데리고 살면 → 현모양처

악을 잘 쓰면 → 악처

조금 다치면 → 일부다처

그림을 잘 그리면 → 캐리커처

처(妻)란 아내를 한자로 표기한 것으로, 아내와 관련된 속담을 살펴보기로 하자. 〈아내가 귀여우면 처갓집 말뚝 보고도 절을 한다〉, 〈아내 나쁜 것은 백년 원수, 된장 신 것은 일 년 원수〉, 〈아내 없는 처갓집 가나마나〉, 〈아내 행실은 다홍치마 적부터 그루를 앉힌다〉 등이 있다.

입이 방정

아내가 거울을 보면서 남편 앞에서 투덜거렸다.

아 내 : 아, 이 처진 피부하며, 심술이 더덕더덕 붙은 이 심술… 주머니, 그리고 공포의 뱃살…, 그래도 여보, 당신이 보기에 아직도 칭찬할 부분이 있수?

남 편 : 암 한 가지 있지.

아 내 : (눈을 반짝이며 흐뭇해서) 어디예요?

남 편 : 시력!

한자가 없는 한글로 방정이라 하면 경망스러운 언행을 뜻하는 바, '방정을 떨다' 하면 드레지지(점잖지) 못하고 아주 경망스럽게 군다는 말이다. 또 몹시 방정맞은 행동을 오도 방정이라고 한다. 그러나 한자로 方正이라 표기하면 언행이 바르고 점잖음을 뜻하는 말. 표창장에 많이 나오는 어휘다.

〈상기자는 품행이 방정하고 타의 모범이 되기에 이에 표창장을 수여함〉

결혼 연차(年次) 발성법

결혼 5년차 이내는 남자가 말하고, 여자가 듣는다.

결혼 10년차 이내는 여자가 말하고, 남자가 듣는다.

결혼 10년차 이상은 남자도 말하고, 여자도 말하고,
이웃이 듣는다.

우리가 결혼행진곡이라고 신랑 · 신부의 입장 · 퇴장 때 피아노로 반주하는 곡이 바그너의 오페라 〈로엔그린〉의 혼례합창곡이다. 그러나 오페라의 스토리를 들여다보면 결혼식 날 연주하기에는 부적합 곡임을 알 수 있다. 즉

주인공은 성배(聖杯)를 지키는 용감한 기사 로엔그린과 꽃 같은 신부 엘자인데, 두 사람은 "향기로 가득 차고 둘만의 사랑이 넘쳐나리"라는 합창을 뒤로 하고 침실로 간다. 갑자기 신방에 칼을 든 침입자가 나타나고 달콤한 향기 대신 피비린내가 진동한다는 내용이다.

화장으로 본 나이

10대는 치장

20대는 화장

30대는 분장

40대는 변장

50대는 위장

60대는 포장

70대는 환장

아담과 불

10대는 성냥불이다. 슬쩍 건드리기만 해도 불이 붙는다.

20대는 장작불이다. 대지 않아도 뜨겁다.

30대는 연탄불이다. 겉보기에는 그저 그런데 은근히 불이 쎄다

40대는 화롯불이다. 죽은 것 같은데 뒤적이면 살아난다.

50대는 담뱃불이다. 빨아야만 살아난다.

60대는 반딧불이다. 불도 아닌 것이 불인 척 한다.

결혼, 이혼 그리고 재혼

이혼하는 이유를 물으면 대부분이 성격 차이를 댄다. 그러나 엄밀히 따져보면 성격 차이 때문에 헤어지는 것이 아니라, 성격 차이는 당연한 것이라는 점을 이해하지 못해서 헤어지는 것이다. 같은 부모의 DNA를 타고나서 같은 환경에서 결혼할 때까지 거의 30년을 살아온 형제 · 자매간에도 성격이 판이한데, 어떻게 눈에 콩깍지가 씌어서 결혼했다 해도 전혀 다른 환경에서 자란 남녀에게 성격 차이가 없기를 바라는가? 오직 사랑으로 감싸서 이해하고, 화날 때는 서로 피해 주고, 까칠한 분위기에서는 유머로 반전시키는 기지가 잉꼬부부의 비결일 뿐이다.

결혼은 판단력 부족
이혼은 인내력 부족
재혼은 기억력 부족

브루투스 너마저!

중세시대 전쟁터에 나가며 절세가인 부인에게 정조대를 채워주고 열쇠를 누구에게 맡길까 고민하다가, 무릎을 탁! 쳤다. 늙으신 아버님께 맡기면 가장 안심이 되겠구나.
막 전쟁터를 향해 떠나는데, 아버지가 숨을 헉헉대며 뛰어와서 하시는 말씀.

'아범아! 이 열쇠가 안 맞는다!

'브루투스 너마저!'는 카이사르(*Caesar*) 즉 시저가 심복인 브루투스의 칼을 맞으며 한 말이다. 시저는 기원전 60년경 로마의 정치가로 율리우스력을 채용하고 그가 쓴 〈갈리아의 전기〉는 라틴문학의 걸작으로 뽑힌다.

제왕절개 수술(*kaiserschnitt*)이란 말도 시저(제왕)가 어머니 배를 가르고 태어난 데서 유래된 말이다.

너그러운 아버지

남자가 여자를 바래다주고 대문에 손을 짚고 서서 키스를 조르기를 삼십분. 엉겁결에 인터폰을 누르고 있었다.

급기야 집에서 여자의 동생이 나와서 하는 말.

"아저씨, 인터폰에서 손 좀 떼어 주세요. 안에서 다 들려요."

"그리고 언니, 아빠가 시끄러우니까 얼른 한 번 해주고 들어오래!"

치밀한 아빠

서울에서 직장을 다니는 딸을 만나러 딸의 오피스텔을 찾은 아빠. 남산만한 배를 만지고 있는 딸을 보고 대경실색을 했다. 자초지종을 캐물으니 사장님과 섬씽이 있었다는 것이었다.

사장을 닥달질 하자, 마침 자식이 없는 사장은

"위자료로 아들을 낳으면 10억을 드리고, 딸을 낳으면 5억을 드리지요. 다른 조건이 있으시면 말씀하시죠."

한참을 심각하게 고민하시던 아빠 하시는 말씀

"만약 유산을 하게 되면, 다시 한번 임신할 기회를 주시죠."

아빠와 예비 사위

딸이 결혼할 남자가 있다고 하자

아버지 : 그 놈 돈은 좀 있는 놈이냐?

딸 : 그 사람도 '아빠는 돈 좀 있는 분이니?' 하던데요?

제가 드리고 싶은 말씀

88세 미수(米壽)의 노인이 22살 된 정부(情婦)와의 사이에 아들을 낳았으니 유산을 물려주겠다며 자랑하자, 보다 못한 66세의 아들이 말했다.

"아버님, 비오는 날 사냥꾼이 갑자기 나타난 멧돼지에 놀라서 총을 쏜다는 게 엉겁결에 우산을 들고 총 쏘는 시늉을 냈는데 멧돼지가 죽었다면 믿으시겠어요?"

"그거야 누군가 옆 사람이 진짜 총으로 쏘아서 죽였겠지."

"아버님, 제가 드리고 싶은 말이 바로 그 말이에요."

"??"

상속(相續)은 피상속인의 유언에 의하여 유증의 형식으로 정할 경우 이를 지정상속이라 하고, 유언이 없는 경우에는 민법의 규정에 따르는 바, 배우자(1.5), 장남(1), 차남(1), 기혼녀(1), 미혼녀(1)의 비율로 나누며 이를 법정상속

분이라 한다. 그러나 아직도 배우자(0.5), 장남(1.5), 차남(1), 기혼녀(0.25), 미혼녀(0.5)의 비율인 것으로 알고 계신 분들이 의외로 많다.

아이구 아버지, 어머니 오셨구먼유!

칠십 다 된 노인께서 비아그라를 드시고 젊은 아줌마와 사랑을 나누다 그만 복상사를 당하셨다. 모두 쉬쉬하고 장례를 치르는데 문제는 거시기가 꼿꼿하게 서 있어 관 뚜껑을 닫을 수 없는 것이었다. 모두 난감해하는데 막내딸이 돌아가신 노인의 귀에다 대고 뭐라고 속삭이자 거시기가 금방 죽어버리는 것이었다. 가족들이 궁금해서 뭐라고 했느냐 물으니

"아이구 아버지, 어머니 오셨구먼유!"

그 아버지에, 그 아들에, 그 손자

신혼여행 첫날 밤. 한창 일(?)을 보는데, 서울에서 아버지로부터 전화가 왔다. 할 수 없이 작업(?)을 중단하고 일어서서 전화를 받았다.

아버지 : 잘 도착했냐?

아 들 : (얼른 끝내려고) 아, 예 예… (다시 작업에 들어갔다.)

10개월 후 아들을 얻었는데, 첫 손자를 본 아버지께서 하시는 말씀

아버지 : 그 녀석 빼다 박았구나!

아 들 : (화들짝 놀라며) 아니, 아버지 그 때 빼다 박은 걸 어떻게 아세요?

그 아버지에 그 아들

사려 깊은 아버지가 미혼의 장성한 아들을 객지에 보내며,

"혹시 여자가 생각나서 돈이 필요하거든 엄마 모르게 '사냥비용 보내주세요' 하고 문자를 치거라."

(얼마 후) 문자가 왔다.

"사냥비용 10만원 필요함"

(물론 사려 깊은 아빠는) 계좌이체를 해주었다.

(그리고 며칠 후) 또 문자가 왔다.

"엽총수리비 50만원이 필요함"

* 형광등 독자를 위한 귀띔 → 여기서 엽총이란 남성 거시기를, 엽총수리비란 성병 치료비를 의미함.

공통점 찾기

Q : 혼자 사는 할머니와 성공하지 못한 예술가의 공통점은?

A : 영감이 없다.

Q : 정치판과 불판의 공통점은?

A : 자주 갈아줘야 한다.

바꿔 보시지

젊은 화가 : 아버님, 저는 이삼일이면 작품을 하나씩 완성합니다만, 파는 데는 2~3년이 걸립니다.

장 인 : 작품을 2~3년 걸려서 그려보시게. 그러면 이삼일이면 팔릴걸세.

유형별 한석봉 모(母)

첫째, 몸 사리는 한석봉 모(母)

한석봉 : 어머니, 제가 돌아왔습니다.

어머니 : 자, 그럼 난 떡을 썰 테니, 너는 글을 써 보거라.

한석봉 : 아니 불도 안 끄구요?

어머니 : 불 끄고 떡 썰다 손 베면 네가 책임질래?

둘째, 바람난 한석봉 모(母)

한석봉 : 어머니, 제가 돌아왔습니다.

어머니 : 네가 언제 나가 있었냐?

셋째, 카바레 다녀온 한석봉 모(母)

한석봉 : 어머니, 제가 돌아왔습니다.

어머니 : 그래 어서 불을 끄거라.

한석봉 : 저는 글을 쓸 테니, 떡을 써시지요.

어머니 : 불 껐으면 잠이나 자자.

넷째, 사오정 한석봉 모(母)

한석봉 : 어머니, 제가 돌아왔습니다.

어머니 : 그래 어서 떡을 썰어 보거라.

한석봉 : 어머니, 왜 그러세요?

이왕 사오정 이야기 나온 김에 사오정 어머니 이야기 하나 더!!

사오정 어머니

썰렁 하나. 어머니가 밥을 앉히면서 불린 콩을 냉장고에서 꺼내신다.

아 들 : (콩밥을 싫어하는 아들) 엄마 콩은 왜 꺼내요?

엄 마 : (겁주는 표정으로) 응, 우리 아들 콩밥* 먹이려고.

* 교도소 보낸다는 것을 콩밥 먹인다고들 함.

썰렁 둘. 콩밥을 먹는데 유난히 큰 콩이 들어 있다.

아 들 : 엄마, 이 큰 콩 이름이 뭐에요?

엄 마 : 킹콩 아니냐!

인디안 ~ ~ 밥!

애 기 : 엄마 왜 큰 형아 이름이 '청계천의 올챙이야'?

엄 마 : 그건 아빠와 엄마가 밤에 청계천에서 올챙이가 보는데 사랑을 해서 낳았기 때문이란다.

애 기 : 그럼 작은 형아 이름은 왜 '강아지 눈의 사랑' 이야?

엄 마 : 응 그건 아빠와 엄마가 강아지가 보는 앞에서 사랑을 해서 낳았기 때문이야, 이 '찢어진 콘돔아!'

에코 맘(*Eco Mom*) & 애그플레이션(*agflation*)

〈에코 맘〉이라고 하니까 **'메아리 엄마'** 즉 **잔소리 많은 엄마**

아니냐고 아는 체 하는 한 식자(識者)의 말을 듣고 실소(失笑)를 금할 수 없었다.

미국에서는 한창 '에코 맘(*Eco Mom*)' 운동이 번지고 있다. 에코 맘이란 가정, 학교, 직장에서 환경 보전을 실천하고 생태적 삶을 추구하는 주부들을 가리키는 말이다. 에코(*Eco*)란 경제를 뜻하는 *Economy*와 생태를 뜻하는 *Ecology*의 공통 접두어이다. 환경적인 생활 실천이 경제적으로도 이롭다는 점을 함축하고 있다.

여기에 '건강'을 곁들여 환경을 살리는 삶이 건강도 살릴 수 있는 것이다. 아이에게 모유를 주고, 유기농 이유식을 먹이며, 환경 친화적인 세제로 목욕을 시키는 것들은 모두 환경도 살리고 가족의 건강도 지켜 주는 생활 실천인 것이다.

석유화학은 의식주와 교통체계를 혁명적으로 변화시켰다. 또 인스턴트식품이 서구의 육식문화와 더불어 세계의 식탁을 점령했다.

우유와 유제품이 모유와 전통 이유식을 대체했다. 질기고 편리한 화학섬유 제품이 천 기저귀를 몰아내고 현대인의 의복문화를 바꿔 놓았다. 기름과 천연가스 덕에 아파트에서는 한겨울에도 반소매 차림으로 지내게 되었다. 그사이 아토피, 소아암, 비만, 독감, 천식이 우리 곁에 다가왔던 것이다.

〈에코 맘〉이야기가 나왔으니 말인데, 시사토론 사회자로 정곡을 찌르는 면도날 모 아나운서가 생방송 도중 〈애그플레이션〉이라는 말이 나오자 "여기서 애그는 계란을 말하는 거겠죠?"라고 해서 피식 웃은 적이 있다.

애그플레이션(*agflation*)이란 농업을 의미하는 애그리컬처(*agriculture*)와 인플레이션(*inflation*)의 합성어로 농업발(發) 인플레이션을 의미하는 신조어이다.

애그플레이션의 원인은 공급에 비해 수요가 늘어났기 때문이다. 인구 증가도 있지만 개발도상국 국민이 소득이 늘어나자 과거에 먹지 않던 식품을 먹기 시작했다.

또한 농산물이 에너지원으로 쓰이는 추세도 애그플레이션을 부채질하고 있다. 대체에너지로 바이오연료 원료인 옥수수 값이 폭등한 것이다. 옥수수 경작지가 늘어나자 밀 경작지가 줄어들어 밀가루 값도 폭등하여 우리나라 라면 값이 들먹이니, '자동차가 사람의 먹이를 빼앗는' 형국이다.

우리나라는 곡물 자급률이 28%에 불과하다. 이명박 정부의 경제정책 중 경제성장보다 물가 안정이 더 화급(火急)하게 되었다. 하는 수 없이 GMO (유전자 조작 농산물) 옥수수와 콩이 우리 밥상에 오르게 된 것이다.

시어머님의 관심사

아들 부부가 시어머니를 모시고 극장에 갔는데, 민망스런 베드신 장면이 나왔다. 아니나 다를까 시어머니가 조그맣게 '아가!' 하고 부르는게 아닌가? (난감해 하며)

"예, 어머니."

"저 침대시트 비손 혼수백화점 가면 3만원이면 산다!"

할머니의 땅콩초콜릿

여자 친구의 할머니 댁에 인사를 간 깔끔남.

할머니께 인사를 드리고 테이블에 놓인 반짝이는 까놓은 땅콩을 맛있게 먹고 할머니 뺨에 작별의 키스를 하며

깔끔남 : 할머니 땅콩이 참 맛있네요.

할머니 : 응~ 내가 틀니라 땅콩초콜릿을 깨물지 못하고 초콜릿만 빨아 먹거든. 참 젊은이가 비위도 좋아.

깔끔남 : 웩!

치매 요양원

치매 요양원 식당에서

할머니 A : 아니 왜 귀에 좌약(질이나 항문에 끼워놓는 약)을 꽂고 있어?

할머니 B : 아! 이제야 내 보청기가 어디에 꽂혀있는지 알겠다.

꼭 당부드릴 말씀이 있어요. 특히 젊은분들 리시버를 끼고 음악을 듣는 것은 좋은데, 절대로 볼륨을 높이지 마세요. 나중에 리시버 대신 보청기를 끼고 다니게 될지도 몰라요.

욕쟁이 할머니의 변신

이명박 대통령의 선거홍보물에 욕쟁이 할머니를 출연시켜 신선한 화제를 뿌린 바 있다.

(이문동 대학가 욕쟁이 할머니 식당)

학 생 : 할머니, 물 좀 주세요.

할머니 : 이 자식아, 넌 손이 없냐, 발이 없냐, 니놈이 가져다 처먹어!

학 생 : 할머니, 반찬이 맛이 없는 것 같아요.

할머니 : 오살할 놈! 시장이 반찬이여, 저런 썩을 놈은 배때기를 곯아봐야 싸.

학 생 : 할머니, 지갑을 안 가져왔는데, 밥값은 내일 드릴께요.

할머니 : 아니 왜 이러십니까? 손님!

부활

시아버지가 며느리 셋을 불러 모아놓고 유언을 하신다.

시아버지 : 내 갈 때가 다 되었나 보다. 내가 가진 것이라고는 재산밖에 없는데, 내가 죽어서 무엇이 되었으면 좋은지 큰 애기부터 애기해 보거라. 그 중 내 마음에 드는 말을 한 며느리에게 내 전재산을 주마.

큰며느리 : 아버님께서는 돌아가시거든 학이 되소서.

시아버지 : (뻔히 알면서 시치미를 뚝 떼며) 아니 내가 죽어서 웬 새가 되란 말이냐?

큰며느리 : 예, 학은 천년을 산다하니. 학이 되소서.

시아버지 : (흡족해서) 하하… 그렇게 오래 살아서 뭐 할라고, 그래그래 다음 둘째 애기는?

둘째며느리 : 아버님께서는 돌아가시거든 거북이가 되소서.

시아버지 : (이맛살을 찌푸리고 웃으며) 너는 왜 내가 죽어서 하필이면 기어 다니는 거북이가 되란 말이냐?

둘째며느리 : 거북이는 무려 이천년을 산다고 하옵니다.

시아버지 : (더 흡족해서) 하하... 이천년? 이천년! 그래 셋째 애기는?

셋째며느리 : (좋은건 지들이 다하고… 난감해 하다가 하는 말) 아버님께서는 돌아가시거든 남자 거기시가 되소서.

시아버지 : (화를 벌컥 내며) 아니! 이런 망할 경우가 있나. 아니 그래 시애비한테 뭐 남자 거시기가 되라니!

(특히 둘째 며느리, 좋아서 어쩔 줄 모르며 표정 관리를 한다.)

셋째며느리 : 아버님 고정하소서. 학은 천년을 산다 하고, 거북이는 이천년을 산다 하나, 한번 죽으면 그만 아니오니까? 그러나 남자 거시기는 죽었다가도 다시 살아나니, 죽었다가도 다시 살아나는 것은 남자 거시기밖에 없는 줄로 아옵니다.

시아버지 : ('그렇게 깊은 뜻이' 하는 표정으로) 전재산은…셋째 며느리 꺼!

첫째 · 둘째며느리 : (뒤로 발라당)

자식이 뭐길래

자식 이기는 부모 없다고, 오죽하면 자식 둔 골은 호랑이도 돌아본다고 했을까. 장성한 자식 하면 부모에게 재산 뜯어가는 것이 연상되는 것도 이런 연유일 것이다.

여기서 넌센스퀴즈

자식은 귀여운 도둑놈

Q : 장가 간 아들놈을 세 글자로 줄이면?

A : 도둑놈

Q : 며느리를 여섯 글자로 늘이면?

A : 도둑놈 앞잡이

Q : 손주를 세 글자로 늘이면?

A : 좀도둑

Q : 오면 반갑고, 안 오면 더 반가운 것은?

A : 외손자

할아버지가 아버지에게 버릇없이 대드는 손자를 때리자, 손자가 하는 말,

"제 새끼 귀한 줄만 알고, 남의 새끼 귀한 줄은 몰라요!"

단추 훈계

필자의 형은 어렸을 적부터 모범생이었고, 동생인 필자는 자유분방한 좀 까부는 편이었다. 하루는 선친께서 한겨울 방문을 활짝 열어놓고 이불을 개지 않았다고 모범생인 형을 나무라고 계셨다.

아버지 : 너는 첫 단추를 잘못 끼웠어. 그러니 아무리 그 다음부터 잘 끼워도 비뚤어질 수 밖에!

필 자 : (가만히나 있지) 저는요?

아버지 : 너는 아예 단추가 다 뜯어져 없는 놈이야!

아리랑 퀴즈로 풀어본 가족사 연구

〈아리랑〉하면 생각나는 것은 전래민요 「아리랑」과 중년들에게는 두 번에 걸쳐 출시되었던 「아리랑」담배, 그리고 춘사 나운규의 영화 「아리랑」일 것이다. 그런데 우리 민족과 떼어놓을 수 없는 〈아리랑〉의 뜻은 무엇일까?

학설이 분분하지만, '알' 의 고어는 '올' 이고, 동명성왕이나 박혁거세의 알 탄생설 등과 관련시켜 볼 때,「아리랑」의 어원을 「올이랑」으로 볼 수 있다.

'올 ' 은 근원 · 시조를 의미하고, '이랑' 은 「~와 함께」의 뜻이니 '올과 함께' 즉 '근원 · 시조와 함께' , 곧 '하느님과 함께' 의 뜻으로 풀이된다. 이렇게 풀이하면 인류의 시원인 바이칼호에서부터 한반도 쪽으로 이동해 온 우리 민족의 경로와 함께 '아리랑' 의 노랫말이 확연히 해석된다.

그건 그렇고 아리랑 유머 퀴즈를 풀어 보자.

1. 기본문제

Que : 아리랑과 스리랑의 어머니는 누구일까요?

Ans : 아라리

Why : 아리 아리랑, 스리 스리랑 아라리가 낳았네.

2. 응용문제

Que : 아라리의 남편은 누구일까요?

Ans : 아리

Why : 아리 랑 응응응 아라리가 낳네.

랑 ↓ with　응응응 ↓ 거시기하는 의성어

* 족보풀이 : 「아리」와 함께 (응응응) 거시기 해서 「아라리」가 낳았으므로 「아리」는 「아라리」의 남편인 동시에 자연뻥으로 「아리랑」과 「스리랑」의 부친이 된다.

3. 고난도 문제

Que : 아리랑의 곡조는 왜 애조를 띨까요?

Ans : 기구한 사연으로 「아라리」가 재혼을 했기 때문

Why : 아리랑과 스리랑의 성(姓)이 다른 것으로 유추(類推) 해 보았을 때 「아라리」는 재혼을 한 것이 분명하다.

유머로 조직의 무기력과 맞짱뜨기

• 나의 일로 엄동설한에 인제를 가다 빙판에서 차가 미끄러져 장광혁 후배의 갈비뼈가 5개나 부러졌는데, 가슴에 압박붕대를 감은 그는 씩 웃으며 "좀 쉬라는 하늘의 뜻이겠지요. 푹 쉬면서 그동안 바빠서 못썼던 유머 책을 써야겠어요."하는 것이었다. 그로부터 3년이 지나 바로 그 책이 이제 출간되었으니, 필경 그의 유머는 비운 마음에서 나오는 것이 분명하다.

—최명규(전 나산그룹 전무이사 · 세나세나 대표이사)

• 장광혁을 사회 친구로 만난 지 30년이 된다. 30년 동안 변함없는 친구는 장광혁 말고도 몇 명이 더 있다. 그러나 30년 동안 변함없이 새로운 소재를 개발하여 웃음 이상의 삶의 지혜를 주는 친구는 이 세상에서 본 적이 없다.

—이광제(서진인쇄 대표이사)

공진점(共振點)에서 동기부여를 해주는 리더의 유머는 조직 활성화를 극대화시킨다.
일정한 속도로 그네를 밀어 주다보면 어느 순간 손으로 툭툭 건드려만 주어도 그네가 힘차게 움직이는 것을 발견하게 되는데, 이 때가 바로 공진점이다.
조직도 마찬가지이다.
조직원에게 업무를 분담시키고 일일이 간섭을 하기보다 피로도가 쌓이기 직전에 동기부여를 해주는 유머는 힘들이지 않고 조직원 등의 긴장을 풀어주어 조직원 모두가 베스트를 다할 수 있도록 콘트롤 해 준다.
이 때 유머의 소재가 되는 동기부여란 우리가 무엇을 목표로 일하고 있으며, 현재 계획대로 일이 잘 진행되고 있는데, 그것은 당신 덕분이라는 칭찬의 유머여야 한다.

이 순간 조직원은 성취욕이라는 뿌듯한 만족감과 함께 조직에 대한 사명감까지 느끼게 된다. 성취욕은 피로소를 일시에 해소시키며 사명감을 희생정신으로까지 확대 재생산 한다.
조직원의 필수 영양소는 내가 이 조직에서 이 순간 절대적으로 필요한 사람이라는 자긍심이다. 이 영양소가 결핍되면 자신에 대한 회의가 일에 대한 가치감소와 나아가서는 상급자에 대한 험구와 조직에 대한 비난으로 이어지며, 이러한 일들이 반복되면 앞에서 언급한 공진현상이 부정적으로 나타나 거대한 조직일지라도 일시에 붕괴되고 마는 무서운 결과를 초래한다.
얼마 전 미국의 대형 현수교 타코마교가 장난감 블록 흩어지듯 허망하게 무너지는 것을 보며, 성수대교의 붕괴가 떠오르는 한편, 그동안 후진국형 사고에 대한 감춰졌던 수치심이 '미국이라고 별거 있나' 하는 묘한 공범의식으로 발동했는데, 그 원인도 역시 부정적으로 나타난 공진현상인 것이다.

따라서 조직에 활기를 주는 *fun* 경영이 화두이다. *fun* 경영은 직원들의 긴장을 해소시켜 산업재해를 예방하고 집중력을 키워 생산성을 향상시킴은 물론, 회사 다닐 맛이 나게 하는 마법 경영이다. 작업시간 중간 중간에 유머를 한마디씩 하게 하고, 온몸으로 웃기, 크게 웃기, 길게 웃기를 실시해 보자.

주전자리

직장 후배가 축구 솜씨 자랑을 하고 있었다.

A : 자네 조기축구회 나간다며, 그런데 축구는 잘해?

B : 왕년에 나도 한가닥 했잖아요. 조기축구회 쯤이야 입단 하자마자 부동의 센터포드로 주전자리를 차지했지요.

A : 내일 나도 한번 나가봄세.

(다음날 새벽 운동장에 나가 본 A, 빙긋 웃으며)

B : **아니 주전자리라더니, 운동장 터치라인 긋는데 주전자물 질끔질끔 부으며 뛰어다니는 게 주전자리냐?**

운동이야기 나온 김에 직장인들의 10진법 건강수칙을 알려드린다.

1 하루에 한 명 이상 새로운 사람을 만난다.

(새로운 사람에 대한 관심은 엔돌핀을 분비시킨다.)

10 하루에 열 번 이상 크게 웃는다.

100 하루에 100자 이상 쓴다.

(필자는 컴퓨터로는 원고를 쓸 수 없어 하루 평균 200자 원고지 50매 10,000 우와! 100자가 아니라 10,000자는 쓴다.)

1000 하루에 1,000자 이상 읽는다.

10000 하루에 10,000보 이상 걷는다.

운동이야기 하면 다이어트를 빼놓을 순 없다.
직장 여성들의 최고의 욕망 다이어트는 현대의 물신(物神)이 됐다. 한국 소비자원의 조사에 따르면 1인당 다이어트 비용이 167만원이라고 한다. 다이어트 산업규모는 식품 · 의료 등 관련 산업에 간접비용까지 포함하면 4조원에 이른다. 미국에서는 '불륜 다이어트'라는 한 편의 미드(미국 드라마) 같은 다이어트 소설이 출간된데 이어, 프랑스에서도 '다이어트 소설'이 나왔는데, 결론은 최고의 다이어트 명약은 사랑이란다. "사랑을 하면은♪ 예뻐져요♪" 60년대 말 〈봉봉 사중창단〉이 부르던 노래가 생각난다.
그런데 여럿이 큰소리로 배꼽을 잡고 웃으면 우리 몸의 650개 근육 중 231개의 근육이 이완 수축 작용을 해서 10분 이상 에어로빅을 한 것과 같은 다이어트 효과를 가져 온다니 이거야 말로
'도랑치고 가재 잡고, 누이 좋고 매부 좋은 거' 아닌가?

어느 정도가 비만일까요?

첫째, 자기 귀싸대기를 세게 부쳤을 때 '짝!' 소리가 나면 정상이고, '철퍼덕' 소리가 나면 비만이다.

둘째, 몸통을 세게 뒤틀었을 때 몸통이 함께 돌아가면 정상이고, 허리가 먼저 돌아가고 똥배와 엉덩이 비곗살 순서로 순차적으로 돌아가면 비만이다.

셋째, 남성의 경우 소변 볼 때 거시기가 보이지 않으면 무조건 비만이다.

넷째, 양말을 신을 때 서서 뒤꿈치부터 신으면 완전 비만이다.

혼자 고스톱을 쳐?

직장에서 고스톱을 친 것이 제보되어 세 사나이가 감사팀에서 조사를 받게 되었다. 진술 내용을 보면 각자의 종교적 특성이 묻어나온다.

개신교 신자 : 하나님께 맹세코 고스톱을 친 일이 없습니다.

불교 신자 : 조상께 맹세코 고스톱을 친 일이 없습니다.

(이를 가만히 듣고 있던 무신론자는 두 사람이 모두 시치미를 떼자)

무신론자 : 아니, 고스톱을 혼자 칠 수 있나요?

여기서 고스톱에서 홀연히 득도(得道)하는 명구(名句)를 되새김질해 보자.

'죽마고우' 란 죽치고 마주 앉아서 고스톱 치는 친구를 일컫는데, **'고'** 는 인생은 리스크(*risk*)를 안고 던지는 도전의 연속이라는 사실을 깨닫게 해주고, **'스톱'** 은 미래의 리스크에 대한 예지력을 깨닫게 해주며, **'밤일낮장'** 이란 살아가며 낮에 할 일과 밤에 할 일, 곧 시의에 적절한 행위를 해야 한다는 점을 깨닫게 해주고, **'삼고초려'** 란 쓰리고 할 때는 초단을 조심하라는 명구이며, **'사형선고'** 란 사정과 형편에 맞게 선택해서 고 하라는 말이다.

'낙장불입' 은 순간의 실수가 운명을 좌우한다는 진중한 행동양태를 깨닫게 해주며, **'피박'** 은 사소한 것의 귀중함을 깨닫게 해주는데, **'포복절도'** 란 포고(four go)로 복수하면 절망해서 도망 간다는 말이다.

'광박' 은 그래도 빽줄 하나는 잡고 있어야 함을 깨닫게 해주며, **'비풍초똥팔삼'** 은 인생을 살아가며 무언가를 버려야 할 때 그 우선순

위를 깨닫게 해주고, **'독박'** 은 무모한 행동이 얼마나 속을 뒤집는가를 깨닫게 해주며, **'나가리'** 는 노장사상*의 허무를 일거에 깨닫게 해준다. 결국 화투는 **'의기투합'** 하는 놀이이니, 이는 의리 없고 기운 센 놈이 화투계를 평정한다는 말이다.

* 노장사상(老莊思想)이란 무위(無爲) 자연을 도덕의 표준으로 하며, 허무를 우주의 근원으로 삼는 노자와 장자의 사상을 가리킨다.

무대리의 마술

천원 권을 변기통에 빠뜨리는 척 하니,
　천원 권이 노랗게 질려 오천 원 권이 되었다.

다시 오천 원 권을 가위로 자르는 척하자,
　오천 원 권이 파랗게 질려 만 원 권이 되었다.

또다시 만 원 권을 라이터 불로 붙이는 척하자
　만 원 권이 하얗게 질려 십만 원 권 수표가 되었다.

철학이 있는 직장 화장실 낙서

신(神)은 이미 죽었다 – 니체

니체, 너는 이제 죽었다 – 신(神)

너희 둘 다 죽었다 – 청소부 아줌마

유머 있는 삶의 풍경

• 누가 장광혁을 그냥 개그작가라고 부르는가? 그는 언어의 마술사이다. 그는 사람을 만나면 동물적 감각으로 그 사람의 처지와 심리상태를 단번에 꿰뚫고는, 우리말이 오직 상대방만을 위해 만들어진 양 유혹하듯 황홀한 언어구사를 하는 말쟁이다. 또한 그가 5대째 서울토박이라고는 하지만 한글학자 뺨치는 문법 실력과 교양 있고 한 치의 오차도 없는 표준말 솜씨는 요즈음 아나운서들이 배워야 한다. –장정희(KBS 초대 여성 아나운서)

• 장광혁의 언어구사는 다재다능하다. 드넓은 자갈밭에 툭툭 삐져나온 자갈들같이 거칠게 휘몰아치기도 하고, 한겨울 동치미독에 꼭꼭 숨어 삐죽빼죽 머리 내미는 녀석들을 지그시 누르고 있는 몽돌처럼 생각해 보고 또 생각나게 하는 그런 유머를 구사하기도 한다. –이경오(팝페라 가수)

서민들의 애환이 서린 택시 풍경, 지하철 풍경, 목욕탕 풍경, 골목 풍경, 음주단속 풍경, 연예계 풍경, 부동산공화국 풍경 등등 인간 냄새 풀풀나는 우리들 삶의 풍경에는 유머가 배어 있다. 또 우리들과 삶을 같이 하는 동 · 식물 풍경에서도 유머는 살아 숨쉰다.

인간 군상(群像)의 착각

첫째 군상 | 여자 : 남자가 같은 방향으로 길을 걷게 되면 자기에게 관심이 있어 따라오는 줄로 착각한다.

둘째 군상 | 남자 : 못생긴 여자는 유혹하기 쉬운 줄로 착각한다.

셋째 군상 | 연애 중인 남녀 : 결혼만 하면 깨가 쏟아질 것으로 착각한다.

넷째 군상 | 처녀 : 자기는 절대로 아줌마가 안 될 것으로 착각한다.

다섯째 군상 | 아줌마 : 화장만 하면 다른 사람 눈에 예뻐 보일 것으로

착각한다.

여섯째 군상 | 시어머니 : 결혼해서도 아들이 제 처보다 자기를 더 챙겨 줄 것으로 착각한다.

일곱째 군상 | 장인 · 장모 : 사위들은 처가 재산에 관심이 없는 걸로 착각한다.

여덟째 군상 | 학부모 : 자기 애는 머리는 좋은데 열심히 안 해서 공부 못하는 줄 착각한다.

아홉째 군상 | 대학생 : 자기가 어른이 된 것으로 착각하고, 졸업만 하면 앞날이 확 필 것으로 착각한다.

열째 군상 | 병장 : 자기가 세상에서 제일 높은 것으로 착각한다.

열한 번째 군상 | 꼬마 : 울고 떼쓰면 엄마 지갑에 돈이 생기는 걸로 착각한다.

열두 번째 군상 | 정치인 : 당적을 옮기면 국민들이 새 정치인으로 보는 줄 착각한다.

열세 번째 군상 | 유머작가 : 이 유머는 세상에서 자기만 아는 것으로 착각한다.

운명과 능력의 다름에 대하여

일곱째 군상과 관련해서, 재산 없는 부모를 만난 것은 운명이다.

그러나 재산 있는 장인을 만나는 것은 능력이다.

택시 풍경

늦은 밤 택시 안에서 1

손 님 : 여기서 '세워주세요.'

여성기사 : 손님, 무슨 말씀을 그렇게 하세요? 여성기사에게는 '대 주세요' 하셔야죠.

손 님 : ??

늦은 밤 택시 안에서 2

남 자 : (귓속말로) 나 거기 한 번 만져 줘.

여 자 : (귓속말로) 창피해!

(이 때 갑자기 남자가 죽었다. 왜 그랬을까?)

'창 피해!' 하는데, 창(槍)을 피하지 못해서.

시골할머니 셈법 1

택시기사 : 할머니, 보령약국 다 왔어요.

할머니 : (요금 미터를 힐끗 보시더니 4,000원을 내신다)

택시기사 : 할머니 5,900원 나왔잖아요.

할머니 : 이 사람아, 나도 서울에 오면 방귀깨나 뀌는 사람이야. 아까 1,900원에서 미터 꺾었잖아!

시골할머니 셈법 2

택시기사 : 할머니 백제약국 다 왔어요. 만팔천원 나왔네요.

할머니 : 8,000원밖에 없는데...

택시기사 : 안돼요.

할머니 : 그럼 만원 대신에 젖 한 번 만져!

택시기사 : (어쩔 수도 없고, 호기심에 젖을 한 번 만지니 쭈글~쭈글~ 오히려 기분만 찜찜했다) 에이! 이게 뭐야.

할머니 : 이 사람아, 만원짜리가 다 그렇지 뭘 더 바래?

지하철 풍경

1. 행복 전도사 최윤희 선생님

자택이 일산인 행복 전도사 최윤희 선생님이 어느 봄날 3호선 지하철에서 자주 부딪히는 구걸하는 맹인과 맺은 시(詩)같은 이야기.

그 맹인은 하모니카를 불며 구걸을 하는데, 가슴에는

"저는 앞을 보지 못합니다. 한 푼만 도와 주십시요." 라는 글귀가 적힌 명패를 달고 있었다.

선생께서는 그 명패에 꽂힌 종이 크기를 눈여겨 보았다가 집에 가서 새로 글귀를 써서, 다음번 그 맹인을 만났을 때 교체해 주셨다.

그러자 수입이 몇 배가 늘었다.

> "저는 봄이 와도 봄을 보지 못합니다. 저를 도와 주세요."

그런데 어느 겨울날 또 그 맹인을 만났는데 아직도 그 때 써드린 글귀를 그대로 달고 계셨다. 당연히 바구니에는 동전 몇 닢만 나뒹굴고…

할 수 없이 그 자리에서 수첩을 찢어 글귀를 다시 써서 바꿔 드렸다.

"저는 계절이 바뀌어도 계절을 보지 못합니다.

저를 도와 주세요."

2. 산토끼 잡으려다 집토끼 놓치고

문이 막 닫히려는 지하철에 몸을 날려 타고 보니, 오늘은 횡재하는 날이다. 바로 코앞에 빈자리가 있는데 왼쪽 선반에는 신문까지…

오른발로 빈자리를 막아서고, 왼발을 최대한 뻗어 가까스로 신문을 낚아채고 앉으려는 순간.

아뿔사, 사각(死角)을 비집고 회심의 힙 밀어 넣기를 성공시키는 한국의 중년 아줌마의 난이도 높은 2회전 반 회전 묘기.

할 수 없지, 마음을 비우고 신문이나 보자 펼쳐드니 구인정보지(求人情報紙)가 아닌가,

오늘은 주루(走壘)에서 횡사하는 날이다.

3. 알면 떼세요

지하철에서 섹시한 여성이 자꾸 얼굴을 힐끔힐끔 쳐다보며 웃는 것이 아닌가. 자신에게 호감이 있어 쳐다보는 것으로 알고 좋아 내렸다. 그런데도 당황하지 않고 그 여자는 계속 웃으며 얼굴을 쳐다보는 것이었다.

황당남 : 왜, 제 얼굴에 밥풀이라도 묻었나요?

섹시녀 : 알면 떼세요.

여탕 풍경

여탕에서 다툼이 일어났다.

아줌마 : 아니, 이렇게 고추가 큰 애를 여탕에 데려오면 어떻게 해요?

어머니 : (비누칠한 고추를 계속 만지며) 아니, 이 고추가 뭐가 크다고 그래요?

아 들 : 엄마, 자꾸 만지면 우리가 결정적으로 불리해져요.

실험실 풍경

논리의 오류

곤충학자가 훈련된 벼룩을 탁자에 올려놓고 소리쳤다.

"뛰어!" 벼룩은 이 소리에 펄쩍 뛰었다.

이번에는 벼룩의 다리를 부러뜨린 다음 소리쳤다.

"뛰어!" 벼룩은 꼼짝도 안 했다.

곤충학자는 다음과 같은 연구결과를 발표했다.

"벼룩은 다리가 없으면 소리를 듣지 못함."

골목 풍경

1. 맛 경쟁

골목에 똑같은 고깃집 셋이 치열한 경쟁을 벌였다.

A식당이 다음과 같이 간판을 고쳐 달았다.

「서울에서 제일 맛있는 고깃집」

B식당도 내가 왜 질소냐 간판을 고쳐 달았다.

「우리나라에서 제일 맛있는 고깃집」

C식당은 그 중 제일 점잖게 간판을 고쳤다.

「이 골목에서 제일 맛있는 고깃집」

2. 모래내, 연신내

술꾼들이 모이는 동네가 있다. 술꾼들은 연신내를 싫어하고, 모래내를 좋아한단다.

술 중에서 제일 좋은 술은 공짜술이요, 다음으로 좋은 술이 외상술이라는데,

연신내에서는 연신 술값을 내라고 해서 싫어하고,
모래내에서는 모래(레) 내도 된다고 하니
모래내를 좋아하는 것은 인지상정이렷다.

3. 아저씨는 비싸

자가용으로 여의도 윤중제 벚꽃놀이를 다녀오던 길에 부부가 골목길에 이르러 두 사람 모두 소변이 급했다.

한적한 곳에 차를 세우고 볼일을 보는데, 저만치서 교통순경이 씩 웃으며 다가오는 것이 아닌가.

경 찰 : 점잖은 분들이 길가에서 이게 뭡니까.

부 부 : 하도 급해서… 죄송합니다.

경 찰 : 경범죄처벌법 위반으로 아주머니는 3만원, 아저씨는 6만원 과태료를 부과합니다.

아저씨 : 아니, 똑같이 소변을 봤는데 나는 왜 곱절이요?

경 찰 : 제가 못 본 줄 알아요? 아저씨는 흔들었잖아요!

음주단속 풍경

전 경 : 아주머니, 너무 취하셨어요. 자! 부세요.

아주머니 : (혀 꼬부라진 소리로) 내 생전에 O라는 놈은 많이 봤어도 불라는 놈은 처음 보네. 너 젊은 놈이 변태 아냐?

① 혈중농도 0.05% 미만은 훈방조치
② 0.05% 이상 0.1% 미만은 면허정지 100일과 2년 이하의 징역 또는 500만원 이하의 벌금
③ 0.1% 이상인 경우에는 면허취소, 2년 이하의 징역 또는 500만원 이하의 벌금

음주측정에 응하지 않은 경우에도 면허정지나 취소 그리고 2년 이하의 징역 또는 500만원 이하의 벌금에 처한다.
현재는 0.36% 이상이면 구속사유가 된다.

일단 한 잔이라도 술을 들면 운전대를 잡지 맙시다. 옆에 계신 분, 특히 동행자가 꼭 말리셔야 함.
그리고 보험에 가입된 회사소속 대리운전자를 이용 하시고, 여성운전자의 경우에는 여성대리운전자를 콜 하시면 OK!!!

아파트 풍경

새벽 2시에 아파트 위층에서 세탁기 돌리는 소리에 잠을 이룰 수 없어서 관리실에 인터폰으로 연락을 했다.

"여기 104동 703호인데요, 803호에서 한밤중에 빨래를 빠느라 세탁기를 돌리는데 중지하라고 인터폰 연락 좀 해주세요."

주무시다가 깨어 연락을 받은 우리 관리소장 아저씨, 104동 803호 인터폰만 연결할 것을 잠결에 전체 스피커를 틀어놓고 마이크에 대고 일장 훈시를 하신다.

"주민 여러분께 알려드립니다. 지금 빨거나 돌리는 분들은 즉시 중단해 주시기 바랍니다.

다시 한 번 알려드립니다. 지금 빨거나…"

정신병원 풍경

자동차를 타고 가던 푼수 씨. 열린 하수도에 걸려 타이어는 펑크 나고 설상가상 볼트가 풀어져 하수구로 빠졌다. 안절부절 못하는 푼수에게 정신병원 담장 너머로 이 광경을 보고 있던 정신병자 하나가 훈수를 둔다.

"여보! 스페어 타이어 꺼내서 갈아 끼우고 볼트는 정상적인 바퀴에서 임시로 하나씩 빼서 끼우고 근처 카센타로 가시오."

(감격한 푼수 씨 그 환자에게)

"아니 그렇게 머리 좋은 분이 왜 정신병원에 계십니까?"

(그 환자가 푼수 씨에게 하는 말)

"야 임마, 나는 돌아서 이곳에 온 거지, 너처럼 모자라서 온 줄 아냐?"

우체부의 명언

한 단체에서 회원들에게 모임에 관심을 독려하는 차원에서 우편엽서에,

"관심이 없으면 정의가 없고, 정의가 없으면 평화가 없으며, 평화가 없으면 미래가 없습니다."

라는 글을 보내면서, 깜박하고 정작 회원들의 주소를 적지 않았다. 그런데 반송된 우편물에는 다음과 같은 배달부의 글이 적혀 있었다.

"주소가 없으면 배달도 없습니다."

방송사고 풍경

털(?)없는 아내

일단 들이대고 보는 우리의 못 말리는 김흥국 아저씨. 모 생방송 진행을 하면서, PD가 신청곡 「철없는 아내」를 급히 휘갈겨 전달해 주니 마이크에 대고 하는 말

"아! 털 없는 아내? ㅋㅋ 아니, 이런 노래도 있어요?"

역시 생방송 중 청취자와 전화 연결이 되었다. 부드럽게 진행한다는 것이 역시 쓸데없는 질문.

김흥국 : 그래 아저씨는 뭐 하시는 분이세요?

청취자 : 예. 사별했는데요.

김흥국 : 아니 왜 사별하셨나요? 성격차이였나요?

콘돔 숙박권

훤칠한 키에 품행방정한 그러나 조금은 소심한 박수홍 씨의 방송사고 전모는 이렇다. 협찬상품을 소개하면서 콘도숙박권을 뭐 콘돔(?) 숙박권으로 소개하여 당황하던 차에, 조심한다는 게 화장품 교환권을 화장품까지는 조심스럽게 넘어갔는데, 화장품 고환(!)권으로 소개하고 말았다.

밖에서 PD가 울그락불그락하자 더욱 당황한 박수홍씨 이번에는 가족촬영권을 가족살인권으로 소개하더니, 청취자의 사연을 소개하는데 "창문을 열고 밤하늘을 바라보면 별들이…" 라고 읽을 것을 배경음악에 도취되어 감정을 너무 잡다보니 '창문을 열고' 를 '항문을 열고' 로 읽었대나. 사실예요?

대학축제 풍경

바람마저 싱그러운 5월 대학축제에서 벌어진 일.

사물놀이 동아리와 신명나는 휘모리장단에 지나가던 학생들 어깨

춤이 절로 나오고, 동아리 신입생들은 선배들 연주에 공연히 자신들이 으쓱대며 열심히 부추 부침개를 불티나게 팔았다. 그러나 준비된 부추가 동이 나자 슬며시 잔디를 뽑아 밀가루 반죽에 버무려 부침개를 부쳤다. 그런데 사건이 터졌다.

학생 고객 : 아니 부침개에서 웬 네잎 클로버가 나왔어요.

부침개 파는 학생 : 아이구! 축하드립니다. 행운추첨에 당첨되셨군요! 여기 행운상품 부침개 한 장요!

여기서 사물놀이란 꽹과리 · 징 · 장구 · 북으로 연주하는 민속음악을 가리키며, 휘몰이장단이란 자진모리장단을 더욱 빨리 연주함으로써 생성되는 장단을 말한다.

고 3 교실 풍경

급훈 1. 한숨 자는 오늘
한숨 쉬는 내일

급훈 2. 대학가서 미팅할래?
공장가서 미싱할래?

고 3의 꿈

재수없는 꿈

* 재수(再修)없는 꿈

초보운전 표시 풍경

1. 두 시간째 직진 중
2. 첫날밤, 첫경험
3. 삼대 독자 운전 중, 아내는 임신 중
4. 운전은 초보, 성질은 람보
5. 이 글씨가 보이면 부딪칩니다.
6. 밥은 하고 나왔어요!

무료 공연

1,000원의 행복 공연이 관객들에게 감동을 주는가 하면, 압구정 CGV는 귀족마케팅을 이용하여 식사가 포함된 1인당 10만원짜리 영화 관람권을 발매한다 하여 화제다.

어쨌든 출연자들이 가장 싫어하는 공연이 무료 공연이다. 그 이유는?

무료한 사람들만 오는 공연이기 때문이란다.

미술관 풍경

재벌 부인이 큐레이터와 함께 세계적인 미술관에서 작품을 감상하고 있었다. 가만히 있으면 중간이라도 가지

귀부인 : 아, 이 작품은 고흐의 작품이군요.

가이드 : 아닙니다. 고갱의 것입니다.

(무안을 당하고도 또 아는 체 하는데)

귀부인 : 아, 이 작품은 모딜리아니꺼죠.

가이드 : 세잔느 작품입니다.

(한참 있다, 어떤 작품 앞에서 이번에는 자신 있게)

귀부인 : 이 작품명이 〈추녀〉지요!

가이드 : 거울인데요?

화가 아내의 오해

화가가 아뜰리에에서 정숙한 옷차림의 누드모델과 차를 마시며 담소를 나누다가 아내의 인기척이 들리자,

"집사람이 의심해요. 어서 옷을 홀딱 벗으세요."

그렇다. 지금 옆에 있는 사람이야 손바닥 보듯 훤히 꿰뚫고 있다고 착각하지 마시라. 집에 들어가 있으면 집이 안 보이듯이, 지금 바로 옆에 있는 사람은 보이지 않는 법 – 옷을 홀딱 벗은 젊은 여자와 같이 있는 모습을 아내에게 보여야만 정상적인 상황임을 신(神)인들 이해하실까?

지금 바로 옆에 있는 사람을 놓아두시라.

그래야 지금 바로 옆에 있는 사람의 옆사람이 편안하다.

식목일 풍경

예전에는 식목일에 예비군 · 학생 · 공무원 등이 동원되어 민둥산에

나무를 심곤 했다.

3명을 한 조(組)로 조직했는데 두 사람이 수상한 행동을 하는 것이 었다. 한 사람이 구덩이를 파면, 뒤따르던 사람은 바로 흙으로 메우고 발로 흙을 다지는 것이었다.

“아니 지금 뭐하는 짓이요?”

“예, 본래 구덩이 파는 사람, 나무 심는 사람, 흙 메우는 사람이 한 조인데, 우리 조는 나무 심는 사람이 안 나와서요.”

그래도 당신 덕분에 우리 산하는 푸르러졌습니다.

필자는 누구누구 덕분이라는 말을 참 좋아한다. 어느 음식점 정갈한 그릇에 담긴 맛깔스런 음식을 다 먹고 나니
주인이 빈 그릇에 새긴 글귀가 나타나는데,
<손님 덕분에 제가 삽니다>

생체실험실 풍경

밥을 먹고 나면 졸음이 쏟아진다. 그 과학적 근거는?

밥을 먹으면 배가 나오지요, 즉 뱃가죽이 잡아당겨진다는 말씀이에요. 인체의 가죽 표면은 일정한데 뱃가죽이 잡아당기니 눈가죽이 내려올 수밖에요, 이를 표면적 일정의 법칙이라 한다.

검객들의 시범장 풍경

일본 최고의 사무라이가 칼을 한 번 휘두르자 날아가던 파리가 가로로 두 동강이 났다.

"와와!" 관중들이 난리다.

중국 최고의 검객이 칼을 한 번 휘두르자 날아가던 파리가 세로로, 즉 대칭으로 두 동강이 났다.

"와와와~~!" 관중들이 발을 구르며 더욱 난리다.

우리나라 최고의 검객이 칼을 한 번 휘두르자 날아가던 파리가 그냥 날아갔다.

"우우~~" 관중들의 야유에 한국의 검객은 씩 웃으며,

"한날 파리를 죽일 수는 없고… 그러나 저 녀석, 앞으로 자식은 못 낳을게요!"

형광등 독자만 보세유 – 거시기만 잘랐단 말입니더.

동 · 식물의 세계 풍경

개구리 목욕

냇가에서 개구리들이 홀딱 벗고 멱*을 감고 있었다. 그런데 유별나게 개구리 한 마리만 팬티를 입고 왔다 갔다 하는 것이었다.

개구리들 : 너는 뭔데 혼자 팬티를 입고 왔다 갔다 하는 거야?

팬티 입은 개구리 : 저는 때밀이에요!

* 멱은 미역의 준말로, 냇물이나 강물 같은 데에 들어가 몸을 씻는 일을 말한다.

서유기 풍경

손오공이 33명을 상대로 싸우자니 힘이 부쳐, 머리카락 32개를 뽑아 손오공 모습으로 분신을 만들어 1:1로 싸웠다. 그런데 유독 분신(分身) 하나가 비실대며 몰리는 것이 아닌가?

"야, 너 왜 그래?"

"저는 새치에요."

> 서유기(西遊記)는 100회로 구성된 회장소설(回章小說)로서 명나라 때 오승은(吳承恩)이 지었다.
> 당나라 승려 현장이 손오공 · 저팔계 · 사오정 세 종자를 데리고 갖은 장애를 헤치고 온갖 악마와 싸워 이겨서 인도로부터 무사히 불경을 가지고 온다는 것이 그 줄거리이다.

개구리 가족사진

엄마 개구리 : 우리 식구들이 자고로 입이 쪼까 크니라. 그러니 가족사진 찍을 때면 '신도림' 하고 찍거라. 그럼 입이 작게 나와 화면빨을 잘 받느니라.

딸 · 아들 개구리 : 예! (하고 사진관에 가서 사진을 찍는 순간, 엄마가 '신' 뭐라고 했는데 생각이 잘 안 나다가 플래시가 '펑' 터지는 순간) 신대방!!

아빠 쥐의 개소리

쥐 가족이 생필품을 구하러 나섰다. 멀리서 야 ~옹! 고양이 소리가 들렸다. 쥐들은 모두 숨었는데 아빠 쥐가 갑자기 '멍멍' 사나운 개소리를 내는 것이었다. 그러자 오히려 고양이가 걸음아 고양이 살려라 그야말로 삼십육계 줄행랑을 쳤다.

아기 쥐 : 아빠, 왜 개소리를 냈어?

아빠 쥐 : 너희들도 이 험한 세상에서 살아남으려면 외국어 하나는 확실히 익혀 두어야 한다!

쥐의 최후의 선택

쥐가 고양이에게 막다른 골목까지 몰리자 갑자기 연탄재 위에서 몸을 굴리는 것이었다.

고양이가 하도 이상해 물었다.

"야, 너 뭐하는 짓이야?"

쥐가 씩, 웃으며 비장한 어조로 말했다.

"다 된 밥에 재 뿌린다, 왜!"

> 쥐(子:자)는 십이지의 으뜸으로 소(丑:축)보다 빠르다. 소와 쥐가 경주를 하는데, 어떻게 쥐가 소를 앞지르랴! 그러나 쥐는 다산(多産)과 함께 영특함을 상징하지 않는가. 경주가 시작되면 쥐는 소의 등에 올라탄다. 그리고 소가 마구 달려서 결승점에 도달하면 쥐가 폴짝 먼저 뛰어내려 이기는 것이다.

여기서 **돌발퀴즈** 하나!

Q : 쥐가 고양이를 보고 씩 웃을 때는?

A : 옆에 쥐구멍이 있다.

오리가 닭살이 돋은 까닭

처녀 오리 : 엄마 나 오리 맞지?

엄마 오리 : 뭔 귀신 씻나락 까먹는 소리다냐? 오리 딸이 오리지, 십리 쯤 된다냐?

처녀 오리 : 그런데 왜 난 남자만 만나면 닭살이 돋우?

아내와 오리

돈은 못 벌어도 집안 살림 알뜰하게 잘 하는 아내는 **집오리**

돈을 잘 벌어오면서 집안 살림도 잘 하는 아내는 **황금오리**

돈도 못 벌어오고 살림도 못하면서 쏘다니기만 하는 아내는 **어찌 하오리**

밖에서 사고치고 생활비로 이를 수습하는 아내는 **탐관오리**

열심히 일해서 재산을 많이 남겨두고 저 세상으로 간 아내는 **아싸가오리**

> 오리의 기름은 닭기름과 달리 사슬모양으로 결합된 탄소의 일부가 이중으로 결합되어 있는 불포화지방산이므로 비만 걱정을 안 하고 드셔도 된다.
>
> 인산 김일훈 선생께서는 모든 균을 박멸할 수 있는 유황을 사람이 안전하게 섭취할 수 있는 방법을 연구하시다가, 오리 모이로 보리밥에 유황을 섞어 사료로 쓰자, 처음에는 털이 다 빠졌지만, 윤기나는 새털이 돋고 매우 건강한 오리가 되었다. 1년 이상 유황을 먹여 사육한 유황오리를 약으로 쓰며, 3년 먹인 유황오리를 으뜸으로 치나, 가격이 만만치 않은 게 흠이다.

호랑이 덕분에

신이 모든 동물을 창조하시고, 각 동물들이 일 년에 몇 번, 시간은 얼마나 짝짓기를 할 것이냐를 결정하고 계셨다. 줄을 선 동물들에게 차례로 그 동물의 특성과 수명 그리고 생태계를 고려해 심사숙고(深思熟考) 끝에 횟수를 정해 주셨다.

"토끼야, 너는 짧게, 그러나 삼일에 한 번은 짝짓기를 하거라."

"다음, 뱀 너는 일 년에 두 번만 하거라. 그 대신 하루종일 할 수 있도록 해주마."

모든 동물을 다 정해 주고 호랑이와 인간만 남았다.

"호랑이, 너는 생태계를 파괴할 우려가 있으니, 일 년에 한 번만 그리고 짧게 끝내도록 하여라." (이 말을 들은 호랑이가 화가 머리끝까지 나서 신에게 달려들었다.)

"뭐 토끼는 삼일에 한 번, 뱀은 하루종일 거시기를 하고, 나는 일 년에 한 번, 그것도 짧게 끝내거라? 이걸 그냥, 어흥!"

신도 깜짝 놀라 도망을 치는데 뒤에서 순서를 기다리던 인간이 도망가는 신을 쫓아가며 물었다.

"신이시여! 그럼 인간은 얼마나 하면 되나요?"

신은 호랑이에게 쫓기느라 결정을 못 내리고

"니 꼴리는 대로 해라."

이리하여 인간은 개인에 따라 횟수는 물론 시간도 천차만별(千差萬別)이 되었다.

꼭끼워!

밤에나 하는 야(夜)한 이야기 한 김에 닭과 관련된 또 하나의 유머. 닭이 가장 야한 동물이란다. 그 비밀은 울음소리에 있다.

"꼭끼워!"

조류 독감 파동을 겪고 있는데 닭고기는 익히면 아무 탈이 없으니 안심하고 드셔서 축산농가를 보호합시다. 참고로 치킨 한 마리당 임대료가 차지하는 원가는 중국이 195원, 스페인이 2,285원인데 비해, 한국은 2,550원이다. 닭 한 마리에 9,000원을 잡고 1/4이상이 임대료인 셈이다.

애완견과 변견

첫째, 분류 : 애완견은 애완용으로 보육되며 가족의 일원으로 분류됨.
변견(똥개)은 식용으로 사육되며 가축의 일종으로 분류됨.

둘째, 짝짓기 : 애완견은 수의사, 패트숍을 통해 교배시키며, 암캐 쪽에서 수캐 쪽에 짝짓기 보수액을 지불한다.
변견은 발정기가 되면 온 동네를 휘젓고 다니며 스스로 해결한다.

셋째, 2세 : 애완견은 수캐와 암캐의 품종 및 혈통에 따라 나온다.
변견은 출산 직전까지도 어떻게 생긴 놈이 나올지 전혀 오리무중(五里霧中)이다.

이처럼 개에게도 품격이 있는데, 제목만 보면 프랑스에서는 책을 쓴 개가 있으니, 장 몽탈드라는 기자가 〈미테랑에게 부치는 개로부터의 공개서한〉이 그것이다. 신문에 보도된 독직사건으로 베르고아부아 전 수상이 권총자살을 하자, 미테랑이 이 기사를 쓴 기자를 '개'에 비유하여 비난한 데 대해 항의 형식으로 쓴 책이라니, 프랑스의 개는 지적이고 용감하기도 하다.

보신탕

미국으로 이민 간 할아버지가 수퍼마켓에서 개 그림이 그려진 통조림(개 사료)을 보고 너무 신나고 흥분돼서 사다가 잡수시며 서울에 있는 며느리에게 자랑을 하셨단다.

"얘, 며늘 아가야, 미국이 좋기는 좋더라. 수퍼마켓에 가니까

보신탕까지 통조림으로 나와요!"

보신탕을 영어로 뭐라고 하느냐구요?

Hot Dog!

보신탕(補身湯)이란 몸을 보한다는 뜻으로, 개장국을 일컫는 말이다. 성분 분석만으로 보면 굳이 야만인 소리를 들으면서까지 보신탕을 먹어야 하느냐 하는 생각도 들지만, 소모성 질환의 회복에는 신비한 효과가 있다는 민간요법을 무시할 수만은 없는 실정이다. 또한 외국인(특히 동물애호가)들의 비난은 고유의 음식문화를 이해하지 못해서 생긴 오해의 측면도 있다. 애완견을 잡아먹는 것으로 아는 외국인이 대다수다.
그렇지만 필자의 단견으로는 소위 잡아먹는 똥개라 하더라도 주인을 지극히 섬기고 귀가능력(歸家能力)이 뛰어난 영물을 잡아 먹는다는 것은 불가피한 경우를 제외하고는 삼가는 것이 문화인의 도리라고 본다.

진도에서 대전으로 팔려온 진돗개가 굶주림에 시달리며 7개월만에 천리가 넘는 길을 따라 제집으로 찾아온 일화를 보면 더욱 그런 생각이 굳어진다. 기록을 살펴보니 서진 때 육기가 기르던 황이라는 개는 낙양(河南)에서 벼슬살이를 하던 육기가 고향(강소 : 江瀟) 소식이 그리워 편지를 개목에 걸어주니 고향을 다녀왔는데, 그 거리가 2,400리(943km)였단다.

모기에 안 물리는 법

한여름밤 앵~~ 모기의 공습경보가 잠을 쫓는다. 그것도 여러 마리가 달려들 때 안 물리고 자는 법.

불을 다 켜놓고 홀딱 벗고 잔다.

모기들이 너무 좋아서

"아이고, 이거 어딜 먹을까? 아이고 이거 어딜 먹을까?"

하다가 날이 새면, 절대로 안 물리고 잠을 잘 수 있다.

견문발검(見蚊拔劍)이란 '모기 보고 칼 빼기'란 뜻으로, 사소한 일에 지나치게 성을 낸다는 뜻이다. 한편 모기(耄期)란 아흔 살의 노인 또는 여든 살에서 백 살까지의 나이를 일컫는데, 모(耄)는 80~90세, 기(期)는 100세를 이르는 말이다.

파리와 모기

평생을 쓰레기통이나 뒤지다 파리채에 맞아 죽은 파리가 죽어서 하느님께 소원을 빌었다.

파 리 : 하느님 제가 다시 태어날 때는 따뜻한 안방에서 사람의 피나 빨

아먹고 사는 저 거시시… 그 애 이름이 뭐더라? ('모기'가 생각나지 않아서) 왜 날개달린 피 빨아먹는 거 있잖아요. 그걸로 만들어 주세요.

하느님 : 오냐! 네 소원을 들어주마.

그런데 파리는 **날개달린 패드(생리대)로 다시 태어났대요.**

어딜 물었게?

Q : 남녀가 벤치에 앉아 있는데, 모기가 여성의 스커트 속으로 들어갔다. 어디를 물었게?

A : 남자의 손

엄마 나 고양이 맞아?

아기 고양이 : 엄마, 나 고양이 맞아?

엄마 고양이 : 그럼~ 내 새끼니까 고양이 맞지.

(조금 있다가)

아기 고양이 : 엄마, 나 고양이 맞지?

엄마 고양이 : 그럼~ 고양이고 말고

(조금 있다가)

아기 고양이 : 엄마, 나 진짜 고양이 맞아?

엄마 고양이 : 아! 맞다니까

(조금 있다가)

아기 고양이 : 엄마, 나 진짜로 고양이야?

엄마 고양이 : 그래 맞다. 이 개새끼야!

동물 울음소리

선생님 : 새들은 대개 자기 이름을 부르며 울어요. 꾀꼬리는 꾀꼴꾀꼴, 자 그럼 까치는 어떻게 우나요?

학생들 : 까악 까악

선생님 : 맞았어요. 그럼 학은 어떻게 우나요?

엉뚱이 : 학 학~~~

옆의 학생 : 야, 너 흥분했냐?

어느 '감'의 슬픈 이야기

못생긴 감이 있었다.

다른 감들은 그 아이를 감자를 닮았다고 놀리며 '감자'라고 불렀다. 못생긴 감은 스트레스가 심해져 입원을 했다. 다른 감 아이들이 미안해서 문병을 갔다. 못생긴 감은 쑥스러워 자는 척 했다. 문병 온 감들이 못생긴 감을 흔들어 깨우며 이구동성으로 말했다.

'감! 자?'

못생긴 감은 병원까지 찾아와서 이구동성으로 부르는 '감자' 소리에 쇼크로 죽고 말았다는 슬픈 이야기.

> 감에는 탄닌 성분이 들어있어, 특히 설사를 멎게 하는 효험이 있으며, 술을 빨리 깨게 하는 약효도 있으니 술꾼님들 참고하시길.
> 한편 감자는 감저(甘藷)가 본딧말이고, 마령서(馬鈴薯)라고도 한다. 칠레가 원산지로 가짓과의 여러해살이 풀인데, 땅 속의 덩이줄기를 '감자'라 한다.

야그(야한 개그)로
술자리 분위기 휘어잡기

• '유머' 란 것은 정신이 건강한 사람들만의 전유물이어야 한다. 저자는 정신이 건강한 사람이다. 그저 웃기기나 하는 사람이 아니다. 진짜 웃기는 사람은, 이후에 또 다른 '유머' 책을 쓰겠다는 사람일 것이다. –한병천(팝피아니스트)

• 늘 가까이에서 부부가 함께 시대의 재담꾼 장송팔(장광혁) 님의 해학을 접하며 살다 보니 마음에 여유가 생겼고 사람이 밥만 먹고 사는 것이 아니라 말로도 산다는 것을 실감하였습니다. 시대가 변하여 우리의 먹거리가 쌀밥에서 잡곡밥으로, 겁나는 소고기보다는 채식으로 점차 변화되고 있는 것처럼, 말에 웃음을 담아 설득하는 '짜증과 맞짱뜨기' 는 최고의 유기농 유머가 될 것입니다. –음악 속의 사랑(팝페라테너 주세페 김 & 소프라노 김구미)

아담과 이브 그 이후 이야기는 격(格)을 지키는 것이 관건이다. 자칫하면 음담패설(淫談悖說), 곧 음탕하고 상스러운 이야기가 되기 십상이다. 특히 다중이 집합한 곳이나, 이성 앞에서는 절대로 삼가야 할 소재이니 유념하여야 한다.

영화 '시네마 천국' 에는 야한 장면을 사전 검열하는, 종을 든 신부님이 등장한다. 키스나 포옹하는 장면이 나오면 지체 없이 신부님께서 종을 치시고, 영화기사인 알프레도는 지체 없이 가위로 잘라낸다. 주인공 토토는 영화감독으로 성공한 뒤 알프레도 할아버지 장례식에 참석하기 위해 고향을 찾는다.
눈물 어린 그의 눈앞에 잘려나간 키스신들의 필름이, 그리고 아름다운 장면이 회상의 장면으로 오버랩되어 돌아가고…

휴대전화 카메라로 미니스커트를 입은 여성의 다리를 몰래 찍은 행위는 무죄라는 대법원 판결을 보며 새삼 떠오르는 영화이다. 시대와 장소에 따라 외설(猥褻)의 개념은 변하는 것이고, 성(性)은 본래 아름다운 것이지만, 공공성이 없어야 한다.

다시 말해서 여기에 나오는 유머는 가까운 동성끼리 의미를 두지 말고 웃자고 하는 이야기로 끝내야 합니다!!!

필자의 경험으로 야그의 달인으로는 개그작가 전영호 권사님, 작고한 김형곤 후배, 자타가 공인하는 뽀빠이 이상용 선배, 소설가 노수민 작가 그리고 고전 Y담으로는 재야의 숨은 고수로 일본에서도 인정하는 남상규 선배(추풍령 고개, 고향의 강)가 있다.

여자의 질투

Q : 여자가 둘이 있으면 왜 질투를 할까?

A : 질이 두 개니까, 질Two.

이런 유머는 여성 앞에서 했다가는

짝! (귀싸대기 맞는 소리)

질투가 순우리말인 줄 아시는 분들이 많이 계신데, 한자로 嫉妬 또는 嫉로 쓴다. 질투를 잘 컨트롤하면 발전의 원동력이 되지만, 대다수의 질투는 상처로 남는다.

세익스피어의 작품에는 질투를 비유할 때 유난히 포도와 느릅나무가 많이 인용된다.
시샘이 많은 포도나무는 다른 덩굴의 풀이 느릅나무를 감고 올라가면 이를 질투해서 독을 뿜어 느릅나무를 죽여버린단다.
또 포도주에 취했을 때 베터니라는 풀을 달여 먹으면 신통하게 깨는데, 두 식물은 견원(犬猿)지간으로 근처에 이 풀이 있으면 포도나무가 그 쪽으로는 덩굴을 뻗지 않는다는 것이다.
그런데 마늘이 이 포도의 견원 식물임이 밝혀져서, 포도를 6월에 수확한 후 포도 줄기에 마늘즙을 발라 놓으면 포도가 분노로 잠을 못 이루는 바람에 11월에 다시 한 번 수확이 가능하다는 것이다.
식물의 애증까지 이용해서 이득을 취하는 인간의 행위가 너무 얄밉지 않은가?

따귀 이야기가 나왔으니 따귀에 관련된 퀴즈 하나 낼게요.

Q : 흥부가 놀부 마누라한테 주걱으로 따귀를 맞은 까닭은?

A : 놀부 마누라가 밥을 푸고 있는데 흥부가 뒤에 와서

"형수님! 흥분대요(흥부인데요)!" 하니까

(놀부 마누라)

"뭐 형수 히프를 보고 흥분이 돼?" 하며

밥 푸던 주걱으로 **짝!**

성인용품 피해견적

으스녁한 때 도로 갓길에는 성인용품 파는 차가 주차되어 있는 것이 요즈음 흔한 저녁 풍경이다.

승용차가 유턴을 하다 성인용품 차를 들이받았다. 당연히 길바닥으로 우르르 성인용품이 쏟아졌다. 보험회사 직원이 나와서 '피해품목을 대세요.' 하니 주인 왈,

'남자 거시기 큰 거 15개, 중짜 10개, 소짜 5개, 여성 거시기 밑에 달린 것 10개, 뒤로 달린 것 10개…'

'예끼, 고마 합시다.'

성인용품 이야기 나왔으니 퀴즈 하나 냅시다!!

Q : 최근에 화이자에서 여성용 비아그라가 출시되었는데, 약명은?

A : 벌리그라!

비아그라(*Viagra*)는 활력(*Vigor*)을 나이아가라(*Niagara*) 폭포처럼 넘치게 해준다는 조어이다. 원래는 화이자(*Pfizer*)에서 심장혈관을 확장시키는 치료제로 개발한 것인데 효과가 신통치 않아 임상실험을 중단한 제품이다. 그런데 이 실데라필이라는 성분이 확장시키라는 심장은 확장시키지 않고 남성 심볼을 확장시킨 것이다.

비아그라는 이외에도 심부전증 · 조루증 · 당뇨 · 뇌졸중 · 기억상실 · 시차부적응 등에도 효과가 있으나, 심근경색 · 저혈압 · 소화불량 · 빛 공포증 · 심장 두근거림 · 두통 · 재채기 및 발기지속에서 발생하는 정자 손상, 드물게는 실명과 사망 등 치명적 사례도 보고되고 있는 만큼 반드시 의사의 진찰과 처방에 따라 정품만을 사용해야 한다.

절대로 광고지나 스포츠 신문 보고 전화 주문으로 오토바이 배달을 시키면 안 됨.

앞니 빠진 정력대왕

한동네 사는 언니, 동생 하는 사이의 두 여성이 카바레에 갔다. 때마침 두 남자 일행과 부킹이 이루어졌다. 그런데 한 남자는 얼굴은 잘 생겼는데 앞니가 빠진 것이 흠이고, 다른 남자는 돈은 있어 보이는데 대머리가 흠이었다.

언니는 잔머리를 굴린 끝에 대머리가 정력이 좋다는 속설을 믿고 대머리를 선택했고, 동생은 마지 못해 앞니 빠진 남자를 선택했는데, 서로 작업을 한 끝에 2차를 가게 되었다.

아뿔사, 언니가 심사숙고 끝에 선택한 대머리 파트너는 속설과 달리 바로 끝내고 마는 토끼였다. 그런데 옆방에서는 밤새 '으악, 으악' 하는 동생의 신음소리가 들리는 게 아닌가.

다음 날 아침, 언니는 질투어린 눈초리로,

"너, 그 남자가 그렇게 정력이 절륜하데?" 물으니

"언니, 그게 아니고 빠진 앞니 사이에 X꼭지가 끼어서 아무리 잡아 당겨도 빠지질 않아 너무 아파서…"

대머리(禿頭 : 독두)의 정력 절륜설이 근거가 없음은 과학적으로 밝혀진 것이고, 당나라 이상은(李商隱)이 지은 잡찬(雜纂)을 보면 인생 꼴불견이 나온다.

첫째가 삐쩍 마른 사람이 씨름하는 것이고, 둘째가 용한 의원이 앓아눕는 것이고, 셋째가 대머리가 걸식하고 다니는 것이라고 한 것으로 보아, 자고로 대머리 중에 못 사는 사람이 적다는 방증은 있는듯 싶다.

카드 결제

룸살롱에서 소위 신고식을 시키면서 한 손님이 호스티스 가슴에 10만원짜리 수표를 찔러 주었다.

그러자 뒤질세라 한 손님은 팬티 안에 100만원짜리 수표를 넣어주는 것이 아닌가. 이 때 우리의 무대리 당당하게

"아가씨 팬티 벗어!"

아, 드디어 1,000만원짜리 수표가 등장하는가?

침을 꼴깍 삼키며 기대하는데

거기에다 카드를 대고 쓰 ~윽 긁는 것이었다.

앵콜!

한국 남성들의 호기 부리기는 파리에서도 변함이 없는데…

백마를 타고 태극기를 꽂겠다고 프랑스 여인과 관계를 맺게 되었다. 너무나 황홀하여 *one more time!* 하니 못 알아듣고, *once more!* 별 영어를 다 해도 못 알아듣는 것이었다.

그러다 번뜩!

앵콜! 하면서 박수를 치니,

한 번 더 해주더라나 어쨌다나…

클래식 음악회 공연장 에티켓 하나 일러드린다.
남자 성악가가 노래를 잘 불렀다면 '브라보'를, 여자 성악가에게는 '브라바'를, 합창단에게는 '브라비'를 외쳐야 한다.
박수 치는 것도 신경 쓰이는 일인데, 여러 악장으로 구성된 곡이라면 그 전부를 하나로 보아서 전곡이 끝난 다음 박수를 치는 것이 에티켓이다.
최근에는 레퀴엠(장송곡)이나 죽음을 묘사하는 슬픈 음악이 끝난 다음에는 한동안 침묵을 지켜야 한다는, 좀 더 수준 높은 공연장 에티켓도 생겼다.
골치 아프면 남이 박수칠 때까지 기다렸다가 같이 치시라!!

정직한 금자 씨

금자 씨는 신발을 팬티 색에 맞추어 신는 속 센스있는 숙녀였다.
빨간 팬티 입은 날은 빨간 구두,
노란 팬티 입은 날은 노란 구두.
그런데 어느 봄날 마음도 싱숭생숭하고 노팬티로 외출을 했다.

Q : 이번에는 과연 어떤 신발을 신었을까요?

A : 털신?!

정직한 레옹 씨

청부살인 의뢰인인 귀부인은 질투에 눈까풀이 경련을 일으킨다.

의뢰인 : "레옹 씨!, 여기 총알 두 발과 사례비요. 한 발은 내 남편 거시기에, 남은 한 발은 저년 거시기에 쏴 주세요."

레 옹 : (망원렌즈 달린 무소음 총으로 건너편 호텔방을 겨냥하더니, 총알 한 발을 돌려주며 하는 말) "사모님, 지금 상황은 한 발만 있어도 되겠는데요!"

정직한 빌게이츠 부인

신혼여행을 다녀온 빌게이츠 부인에게 기자들이 첫날밤은 어땠냐고 묻자,

"Micro & Soft"

아직 될랑가 몰라

70된 시어머니와 며느리, 그리고 예쁜 딸이 사는 집에 강도가 들었다. 강도가 자세히 살펴보니 시어머니 금팔찌가 족히 열 냥은 되어 보인다. 요즈음 금값이 글자 그대로 금값 아닌가.

강 도 : 할머니! 이쪽 빈 방으로 들어와 봐!

할머니 : (씩 웃으며, 히프를 흔들면서) 하필 왜 나야? 그런데 아직 될랑가 모르겠네.

자동 바이브레이터

70세 고희*를 맞은 할아버지께서 콜라텍에서 만난 미모의 할머니에게 프로포즈를 하였다.

할머니 : 늙어서 성생활도 못하는데 무엇 하러 같이 살아요?

할아버지 : 거시기를 그냥 잡고만 자면 돼요.

그래서 둘은 그냥 잡고만 자기로 하고 같이 살았다. 그런데 할아버지께서 할머니 언니, 그것도 중풍에 걸린 할머니와 바람이 난 것이었다.

열 받은 할머니 : 당신 중풍 걸린 여자가 뭐가 좋다고 바람을 피워요?

따지니

할아버지 말씀 : 당신은 잡아만 주는데, 중풍 걸린 여자는 손이 떨려 잡고만 있어도 자동으로 흔들어 주잖아!

> 여기서 고희란 두보(杜甫)의 곡강시(曲江詩)에서 '인생칠십고래희(人生七十古來稀)'라, 즉 나이 70을 먹는 일은 자고로 드문 일이라는 글에서 나왔다. 공자님은 일흔 살을 종심(從心)이라 하여 생각대로 행동해도 흠이 되지 않는다고 하셨다.
> 참! 65세를 뭐라고 부르는지 아셈? 지공의 나이다. 지공의 나이가 뭐냐구? '지하철 공짜로 타는 나이'!!

세상에서 가장 가벼운 물체

물리학 시간

교수님 : 세상에서 가장 가벼운 물체는 무엇인가?

학생1 : 예, 우리늪입니다.

학생2 : 아닙니다. 남자 거시기입니다.

교수님 : (어떤 새로운 학설이?) 왜 그런가?

학생2 : 남자 거시기는 여자 거시기 생각만 해도 세워서 올릴 수가 있잖아요.

마누라의 어원은

인류학 교수 : 단군신화에서 마늘과 쑥 중 마늘이 상징하는 환웅의 여성상에서 기원한 말로, 마늘님이 마누라로 변화된 것이지요.

장소팔 : 뭔 귀신 씻나락 까먹는 소리여? 잠자리에서 남편이 아내에게 하는 소리에서 나온 말이여. '마~누우라!'

성격 차이로 이혼한다?

흔히 연예인 커플이 헤어질 때 그 이유를 물으면, 성격 차이를 든다. 여기서 〈성격〉이란 성기의 규격을 뜻한단다.

그러나 실제로는 남자의 〈박력〉이 부족할 때 헤어지거나, 여자의 〈내조〉가 부족할 때 헤어진다고들 하는데, 여기서 〈박력〉이란 박는 힘을 의미하고, 〈내조〉란 안에서 조이는 힘을 말한대나 어쨌대나…

가장 뇌리에 남는 명언은 애절한 사연으로 세기의 결혼을 한 고 최무룡 씨가 김지미 씨와 헤어지면서 했던 말로 기자들이 이혼사유를 묻자,

"사랑하기 때문에 헤어진다."

나훈아 선생님의 진짜 이혼사유

김지미 : (사랑스러운 표정으로 나훈아 씨의 발을 만지며) 이건 훈이 씨 발

나훈아 : (자기도 김지미 씨의 발을 만지며) 지미 씨 발

김지미 : 퍽! 퍽퍽!!

나훈아, 김지미 선생님 미안해유~ 지난번 인터넷 악성루머처럼 고의가 아니고, 이름 가지고 파자(破字) 풀이해본 것 뿐이예유~~

이처럼 하찮은 실수가 최악의 결과를 가져오는 것을 〈라코스티즘〉이라고 한다.
이를테면 게오르규의 〈25시〉의 주인공의 경우와 같이 루마니아 농부가 유태인으로 잘못 기재되는 단순한 실수로 그를 기구한 인생항로로 내몬 것처럼 말이다.

파자(破字) 좀 더해 볼까요?

세계적인 한국의 설치미술가 영철 교수님.

영철! 이름만 보면 남자같은데 매력 만점의 오염 안 된 천연 순수녀 그대로시다. 왜 그럴까?

영~ 철이 안 나셔서 영원히 녹이 슬지 않으시기 때문이다.

예전 동아일보 만화에 나온 내용이다

당시 정치적 라이벌 박찬종 의원이 JP의 존함을 파자하여 必(필)히 鐘(종)을 칠 분이라고 조롱하자, JP는 박찬종 의원의 존함을 파자하여 박 터지고 찬밥 먹고 종칠 사람이라고 험구한 것이 기억난다.

김삿갓의 오판

김삿갓이 조선 팔도를 주유(周遊)하다 글재주 뛰어난 처녀를 만나 밤새 붓 희롱을 하다가 운우지정을 맺게 되었는데…

'아니 처녀가 이럴 수가 있나?'

김삿갓은 말은 못하고 다시 지필묵을 들어 일필휘지로 써내려 가는데

毛深內闊必過人(모심내활필과인), 곧 털이 깊고 또 속까지 깊은 걸 보니 반드시 다른 사람이 지나간 것이 분명하도다.

이 글을 읽은 처녀가 화답을 하는데,

後園黃栗不蜂坼(후원황율불봉탁),

뒷동산에 누렇게 익은 밤은 벌이 쏘지 않아도 저절로 벌어지고

溪邊楊柳不雨長(계변양류불우장),

시냇가의 수양버들은 비가 오지 않아도 잘 자란다.

난생 처음 글에 무너진 김삿갓은 한동안 붓을 들지 못했다 하는 이야기가 전해져 온다.

> 김삿갓의 본명은 김병연(金炳淵)이다. 조선 철종 때의 방랑시인(1832년~1898년)으로, 자는 성심(性深), 호는 난고(蘭皐). 조부인 선천부사 김익순이 홍경래의 난 때 항복하여 가문이 적몰된 것에 굴욕을 느껴, 머리에 삿갓을 쓰고 죽장을 짚고 각지로 방랑하며 풍자시를 많이 남겼다고 한다.

여섯 개 대학명을 이용한 야그

창현이와 경희의 야한 대화

창현이가 경희에게 – "경희 대!"

경희가 창현에게 – "외(왜) 대?"

창현이가 경희에게 – "중앙 대!"

경희가 창현에게 – "아주 대!"

지나가던 아주머니가 "너희들 왜 부산대(시끄럽고 정신없다)?"

아까부터 듣고 있던 아주머니가 "재네들 그거 한 대!"

선(線)이 반드시 선(善)인가

점순이가 팔뚝도사와 부득이 한 호텔에서 묵게 되었다.

점순이 : (끈으로 가운데에 선을 그으며) 자다가 이 선을 넘어오면, 너는 짐승이다.

팔뚝도사 : (아침까지 선을 안 넘어옴)

점순이 : (자존심 상한 듯 버럭 화를 내며) 이 짐승만도 못한 놈아!

일손이 달려

퇴폐이발소에서 거시기 마사지를 받는데 느낌이 이상해서 살그머니 눈을 떠보니, 아니 이게 웬 변(變)? 이발소 아저씨가 거시기를 마사지하고 계신게 아닌가?

손 님 : (벌떡 일어나 앉으며) 아저씨! 이게 뭐하는 짓이요? (소리치니)

아저씨 : 명절 대목이라 워낙 일손이 달려서, 아가씨는 세우기만 하고 시야게(마무리의 일본말)는 제가 하는구먼유.

한양 갈 준비

시아버지 : 내일은 일찍 한양에 다녀와야 하니 일찍 아침밥을 짓거라.

며느리 : 예

(새벽에 일찍 일어나 뒤주가 있는 대청 문을 열려는 순간, 안방에서는 며칠 떨어져 있기가 안타까워 그랬는지 두 양주(兩主)가 운우지정(雲雨之情)이 한창이라. 하는 수없이 툇마루에 쪼그리고 앉았다가 깜박 잠이 들고 말았겠다. 한참 후)

시어머지 : 애기야! 어제 시아버님께서 그렇게 일찍 밥을 지으라고 신신당부(申申當付)하셨거늘 웬 아침잠이 그렇게 많으냐? 너 때문에 한양가시는 일이 지체되지 않았느냐!

며느리 : (이유를 댈 수 없어 쩔쩔매다가, 마침 마당에서 개들이 흘레[交尾]를 하니, 큰소리로) "너도 한양가냐?"

> 이처럼 팽배돼 있는 불만을 다른 대상에게 푸는 것을 사회심리학 용어로 〈디시페이트〉(*dissipate*)라고 한다.

식중독

77세 노인과 44세 과부가 합방을 했는데 다음 날 한 사람이 죽었다. 누가 죽었을까?

A : 그야, 복상사로 노인이 죽었겠지.

B : 아냐. 마흔 네살 먹은 과부가 죽었대.

A : 아니, 왜? 너무 흥분해서 심장마비로 죽었나?

B : 아니. 유통기한이 지난 소시지를 먹어서 식중독으로 죽은 거래.

전달! 전달!

백설공주가 목욕을 하는데 일곱 난장이가 목에 무등을 타고 창문 틈으로 들여다보면서 상황을 전달하고 있었다.

맨 위의 난장이 : 벗었다!

벗었다 → 벗었다 → 벗었다 → 벗었다 → ……
(맨 아래 난장이는 아무 말도 안 함.)

맨 위의 난장이 : 거기를 씻는다!

거기를 씻는다 → 거기를 씻는다 → ……
(맨 아래 난장이는 아무 말도 안 함.)

맨 위의 난장이 : 아이고 내가 섯다!

나도 섯다 → 나도 섯다 → …… **나도 섯다**
(이번에는 맨 아래 난장이도 복창을 한다.)

백설공주와 피노키오

사과를 따려고 피노키오가 백설공주를 무등 태우다가, 피노키오의 코가 백설공주의 거시기에 닿자 백설공주는 기분이 야릇해졌다. 백설공주가 하는 말

"피노키오야, 빨리 거짓말 해! 빨리 정직해! 빨리 거짓말 해! 빨리 정직해!…"

* 형광등 독자를 위한 힌트

☞ 피노키오는 거짓말을 하면 코가 길어졌다가, 정직해지면 짧아지잖아요. 그래도 몰라? 그럼 나도 몰라!

선녀와 산신령

선녀가 계곡에서 목욕을 하는데 갑자기 산신령이 나타나, 멋있다는 표시로 엄지 손가락을 세워보이며 씩 웃는다.

산신령 : 네 옷은 내 손 안에 있느니라.

(깜짝 놀란 선녀가 급히 두 손으로 아래를 가렸다.)

산신령 : 가슴이 다 보이느니라.

(당황한 선녀가 얼른 두 손으로 가슴을 가렸다.)

산신령 : 이제 볼 건 다 보았느니라.

엄지 손가락이 다른 네 개의 손가락과 붙어있지 않고 독립되어 움직이는 동물은 인간 뿐이다. 엄지 손가락의 독립으로 인해 비로소 삼차원의 감각이 부여된 것이다.

엄지 손가락은 의지나 의사, 의식의 가장 민감한 대변자이니, 최고 · 제일을 나타낼 때 엄지 손가락을 세우는 것도 이런 이치이다.

선녀와 나무꾼

나무꾼에게 당하기만 하던 선녀, 이번에는 목욕하는 나무꾼의 옷을 감췄겠다. 나무꾼이 멱을 다 감고 옷을 입으려는데 옷이 온데간데 없다. 이 때 등장한 선녀, 나무꾼이 엉겁결에 물바가지로 중요 부분을 가리자 선녀가 하는 말

"손 빼!"

손을 뺐는데도 선녀를 보고 흥분한 나무꾼 거시기에 바가지가 걸려

있자, 선녀가 다시 하시는 말씀.

"**힘 빼!**"

선녀와 나무꾼의 입장이 바뀐 경우이다. 양지가 음지되고 음지가 양지되는 법이다. 따뜻한 햇볕을 쬐고 있을 때 그늘에 있는 사람을 생각하고 배려해야 한다.
나무꾼처럼 남을 곤경에 빠뜨리다 보면, 처지가 바뀌었을 때 자신도 같은 곤경에 처하게 되는 것을 부메랑이 되어 돌아왔다고 한다.
경제용어로는 선진국이 개발도상국을 대상으로 경제 원조나 자본 투자를 한 결과, 현지에서의 생산이 수요를 상회함으로써 다시 선진국으로 역수출되어 선진국의 해당 산업과 경쟁하게 되는 것을 부메랑 효과(*boomerang* 효과)라고 한다.

착한 처녀와 산신령

한 착한 처녀가 계곡에서 멱을 감다가 브래지어(*brassiere*)가 물에 떠내려가 울고 있었다. 이 때 당연히 신령님이 나타났다.

신령님 : 이 은 브래지어가 네 것이냐?

착한 처녀 : 아니옵니다.

신령님 : 그럼 이 금 브래지어가 네 것이냐?

착한 처녀 : 그것도 아니옵니다.

신령님 : 그럼 이 비너스 브래지어가 네 것이냐?

착한 처녀 : 예, 그것이 제 것이옵니다.

신령님 : 쯧쯧 착해 빠지기는! 옛다 금 브래지어, 은 브래지어까지 다 가져가거라!

이 소식을 들은 약아빠진 처녀가 일부러 브래지어를 계곡물에 흘려 보내자, 이번에도 당연히 신령님이 등장했다.

신령님 : 이 은 브래지어가 네 것이냐?

약은 처녀 : 예 제 것이옵니다.

신령님 : 이 금 브래지어도 네 것이냐?

약은 처녀 : 예 제 것이옵니다.

신령님 : 이 비너스 브래지어도 네 것이냐?

약은 처녀 : 예 그것도 제 것이옵니다.

신령님 : 그것참 희한한 일이로다.

약은 처녀 : 아니, 뭐가요?

신령님 : 그럼 넌 유방이 여섯 개란 말이냐?

* 북한에서는 브래지어를 구분해서 부른단다. 나이든 아주머니 브래지어는 '젖가리개' 이고, 아기가 있는 새댁 브래지어는 '아기 밥상 덮개' 란다.

브래지어 얘기가 나왔으니, 유방암(*breast cancer*)에 대해 알아보도록 하자. 하버드 대학의 연구에 의하면 지금까지 알려진 것과는 달리 유방암이 유전적 요인으로 인해 발병할 확률은 거의 없는 것으로 밝혀졌다. 그 대신 비타민 A 부족이나 지나친 음주가 발병 원인으로 의심받고 있다.
어쨌든 최선의 대책은 조기 발견이니, 정기적으로 반드시 검진을 받으시길!

새우젓 장사의 투정

마포에 황포 돛배가 드나들던 시대가 아니더라도 40대 이후 세대들에게는 '새우젓 사~려~~' 하는 어렸을 적 동네 골목을 울리는 쩌렁쩌렁한 소리를 들은 분들이 많이 계실 것이다.

초여름 저녁 늦게 새우젓을 팔다가 집으로 가는 길에 어느 집 창문의 그림자가 마구 흔들려 호기심에 들여다보니 아직 야심(夜深)하지도 않은데 남녀 간에 질펀한 농탕(弄蕩)질이 한창이라. 춘심이 동한 새우젓 장수 새우젓 통을 실은 지게를 작대기에 받쳐 놓고 보는 사람도 없겠다 열심히 용두질(마스터베이션)을 쳤는디,

절정에 다달아 다리를 쭉 뻗다가 지게 받친 작대를 탁! 쳤겠다. 새우젓독이 깨지면서 싱싱한 육젓(유월에 잡은 새우로 담근 젓)이 와르르…

새우젓 장수 혼자 하는 말.

"제길헐 이것도 오입(誤入 외입 : 外入– 잘못 넣었다는 깊은 뜻이 있음)이라고 돈이 드네!"

예전에 서울의 물화는 황포 돛배로 날랐다. 2~3척 폭의 무명베를 여섯 폭 이으면 육단범, 열 폭 이으면 장단범, 스물 다섯 폭을 이으면 천석의 곡식을 실었다는 천석선이었다. 서강에는 곡물을, 마포에는 새우젓 · 어리굴젓 기타 생활용품을, 뚝섬에는 땔감을 주로 날라댔다. 서울 토박이인데도 필자가 어렸을 때만해도 겨울 준비로 소

달구지로 운반한 장작을 도끼로 패서 산더미처럼 쌓아놓고 흐뭇한 미소를 짓던 어르신들의 모습이 새삼 그립다.

타이타닉 호의 잔 다르크 일기

'선장이 협박을 한다. 만일 잠자리를 같이 하지 않으면 369명이 탄 이 배를 침몰시키고 말겠다고.'

'고민 고민 끝에 369명 전원을 살려냈다.'

알퐁스 도데의 별

〈마지막 수업〉으로 우리에게 잘 알려진 알퐁스 도데의 소설 〈별〉은 이렇게 끝난다.

"양치기 소년의 어깨에 소녀가 기대어 잠이 들었다. 그리고 양치기 소년은 별을 보며, 잠든 소녀를 보며 날이 샐 때까지 앉아 있었다."

Q : 여기서 어떤 센텐스 한 줄만 넣으면 전체가 통속소설로 바뀔까요?

A : "다음날 새벽 소녀는 풀어 헤쳐진 옷을 여미고 울면서 산을 내려갔다."

〈별〉 속편

소 녀 : 나를 택하든 양을 택하든 양자택일을 해!

양치기 소년 : 그래! 나는 양보다 질이야!

왜 필자한테 질이 뭐냐고 물어유? 국어사전 찾아봐유!

누구 팔뚝이 굵나

안주인이 일정이 취소되어 예정보다 일찍 귀가하여 아파트 현관문을 열고 들어가니, 가정부가 어느 남자와 대낮에 정사를 벌이고 있는 것이 아닌가. 그 날 저녁 안주인이 가정부를 불러 따끔하게 주의를 주었다.

안주인 : 대낮에 외간 남자를 끌어들여 그게 무슨 해괴한 짓이요?

가정부 : (콘돔을 처음 본 듯, 마치 결정적 증거를 찾은 콜롬보 형사처럼 콘돔을 흔들어대며) 이게 안방 치우다 나온 물건인데유, 지는 그래도 남자 거시기 껍질이 벗겨지도록 하지는 않는구먼유.

아전인수(我田引水)

우연을 가장한 인연 만들기로 두 남녀의 가슴에 연애감정이 깃들었다. 주말에 둘은 경춘선을 타고 야외로 나갔다. 저녁이 되어 역에 가보니 기차시간이 세 시간이나 남아 있었다.

주위에 러브호텔은 즐비한데 차마 들어가자는 말은 못하고 버벅대고 있는데, 여자 친구의 이 한마디에 남자는 쓰러질 뻔했다. 남자는 분명 이렇게 들었다.

여 자 : 우리 여간에서 쉴까?

남 자 : 여관에서 쉬자구?

여 자 : 역 안에서 쉬자구!

사랑의 감정은 인간의 어디에 있는 것일까? 우리는 보통 사랑을 하트로 표시하며 가슴에 있다고 여긴다. 그러나 사랑은 머릿속에 있는 것이다. 곧 뇌에서 분비되는 옥시토신을 포유동물에 주입하면 사랑하는 마음이 생기고, 이 호르몬 유입을 저지하면 무관심하거나 적대행위를 하게 된다.

중국의 속유괴록(續幽怪錄)을 보면 월하노인(月下老人)이 붉은 끈으로 연인을 맺어준다고 하여 천정설(天定說)을 믿는다. 그래서 월하노인은 중신아비를 뜻하고 적승계족(赤繩繫足)이라 하면 결혼의 성사를 의미하였다.

쉬었다 가는 퀴즈

Q : '티코 안에서 남녀가 사랑을 해'를 반으로 줄이면 (6자)?

A : 작은 차 큰 기쁨

Q : 남자가 뛸 때는 하나가 흔들리는데, 여자가 뛰면 두 개가 흔들린다. 무엇일까요?

A : 남자는 넥타이, 여자는 귀고리

Q : 세계에서 숫처녀가 가장 많은 나라는?

A : 뉴질랜드

☞ 뉴(New) 질(?) 랜드(Land)

너무 솔직한 충청도 아지매

경찰관 : 연세가 50줄에 들어선 분이 어떻게 초등학교 동창생하고 불륜을 맺었습니까?

아지매 : 아니 뻔히 있는 줄 알면서 달라고 조르는데 우리 인심에 어떻게 안 줄 수 있남유?

경찰관 : 어쨌든 아주머니는 형법상 간통죄로 처벌됩니다.

아지매 : 제가 나이가 몇인데 제 몸 제가 알아서 하는 것이지, 언제부터 제 몸을 국가에서 관리하기 시작했남유?

경찰관 : ??

> 자고로 한국인은 인심이 후하다. 신미년에 강화도에 침범한 미국 군함에 승선한 강화유수는 하선하면 바로 치열한 교전이 벌어질 것인데, 함장에게 먼길 오느라 얼마나 시장하시겠느냐 위로하며 황소와 닭을 푸짐하게 대접할 정도였다.
> 선조들의 이 후한 인심은 다 어디로 가고, 세상이 이렇게 각박해졌는지 돌이켜 생각해 볼 일이다.

최후의 웬 최불암 시리즈

갈 데까지 가버린 우리의 최불암. 어쩔 수 없이 은행을 털러갔다. 우여곡절(迂餘曲折) 끝에 금고문은 열었는데, '아니 이게 어찌된 일인가?' 돈은 씨도 안 보이고 웬 요플레만 잔뜩 들어있는 게 아닌가?

"에이 재수 없어! 할 수 없지, 힘든데 요플레라도 먹고 가자."

다음날 신문에 대서특필

「최불암, 정자은행을 털다!」

광풍제월(光風霽月) 같은 영원한 우리의 아버지상 최불암 선생님. 상을 찡그리며 '파~' 하며 웃는 모습에서 질박한 뚝배기를 연상하게 되는데, 하루는 그 좋아하시는 라면에 계란을 하나 넣어 묵은 김치까지 곁들였는데도 젓가락이 가지 않으시는거라.

"선생님, 뭐가 빠졌어요?"

하자, 특유의 웃음을 지으며 하시는 말씀

"파!"

여기서 광풍제월이란 송사(宋史)의 열전(列傳) 중 주돈이(周敦頤)전에 나오는 말인데 2008년 교수들이 뽑은 사자성어이다.

의역을 하자면 '그의 인품이 아주 고매하고 가슴에 품은 달이 크고 시원한 경지'를 이른다.

동아일보

결혼한 지 5년이 되었는데 임신이 안 되었다. 산부인과 전문의의 지시대로 두 달을 금욕을 하고 배란일에 맞추어 부부관계를 갖게 되었다. 아내의 샤워하는 물소리는 귓가에 들리고, 이 순간을 위해 친구한테 빌려 온 포르노테이프에서는 야동이 눈을 어지럽히는데,

젊은 남자가 두 달을 굶었으니 어찌되었겠는가? 그 사이 유혹을 못 참고 잠깐만 마스터베이션을 한다는 게 그만 동아일보 신문지에 사정을 하고 말았으니…

아내가 샤워를 하고 침실에 들어서며 이 광경을 목도하고는,

"아이고, 내 새끼! 아이고, 내 새끼!" 하며 신문지에 묻은 정액을 거시기에 넣었다나. 그런데도 임신을 해서 열 달 만에 아기가 태어났는데,

이마에 「동아일보」라는 제호가 찍혀 있더래나…

예끼! 여보슈!

유혹의 원조는 기원전의 세이렌인데, 얼굴은 절색의 미녀요, 몸뚱이는 새로 된 미성의 괴물이다. 그 노랫소리를 들으면 아무리 마음이 굳은 사람도 홀리지 않을 수 없어 흡혈탈혼(吸血奪魂) 당하였다는 신화가 있다. 사이렌은 이 세이렌에서 나온 말이다.

의료보험 환자

무대리가 정액검사를 하러 비뇨기과에 갔는데, 검사실을 문틈으로 들여다보니, 아이고메! 섹시한 간호사가 환자의 거시기를 마사지해서 정액을 빼주는 것이 아닌가? 침을 꼴깍 삼키며 자기 차례를 기다리는 우리의 무대리.

간호사 : 무대리님!

무대리 : 예! 들어갑니다!!

간호사 : (비이커〈*beaker*〉를 건네주면서) 화장실가서 정액 받아 오세요!

무대리 : 누구는 응 응 해주고, 누구는 화장실 가서 손수…

간호사 : 아저씨는 의료보험 환자잖아요!

목적을 주목하라

경찰 지구대에 40대 여인이 소매치기 신고를 했다.

여 인 : 지하철에서 100만원권 수표 10장을 소매치기 당했어요.

경 관 : 그 큰돈을 핸드백에 넣고 만원 지하철을 타면 어떡하세요? 수표 번호는 적어놓으셨나요?

여 인 : (한심하다는 듯) 수표번호를 적었으면 제가 은행엘 가지 왜 경찰 지구대를 온데요? 그리고 수표는 핸드백이 아니라 타이트한 팬티 안에 감췄어요.

경 관 : (멋쩍어 하며) 그럼 팬티 속으로 남자의 손이 들어가는데도 그걸 모르셨단 말에요?

여 인 : 손이 팬티 속으로 들어온 목적이 거기에 있는 줄은 몰랐죠.

> 소매치기범은 여인을 애무하는 척 하면서 목적은 돈에 있었으니, 이처럼 눈속임으로 남을 해치면서 자신의 이득을 취하는 것을 〈메디아의 외투〉라고 한다. 희랍신화에 나오는 〈메디아〉가 배신을 당하자 독이 점차 스며드는 외투를 선물하여 상대를 점진적으로 죽어가게 한데서 나온 말이다.

워요일

신혼이 지나자 신랑이 힘이 부쳤다. 월, 화, 수, 목, 금, 토, 일 일주일 동안 받침 있는 날이 4일이고, 받침 없는 날이 3일이다. 그래서 신랑이 꾀를 냈다.

신 랑 : 우리 받침 없는 요일에만 사랑을 하자.

신 부 : (시무룩해서) 에이구! 그래야지 어쩌겠수?

신랑은 목요일은 받침이 있는 요일이니까 쉬고, 금요일도 쉬고, 토요일날 하루 힘 좀 쓰고, 일요일날 쉬고 나서, 월요일도 쉴 차례라 신이 나서 물었다.

신 랑 : 내일이 뭔 요일인고?

신 부 : 내일? 워요일!

> 자연계에서 발정기가 따로 없이 여건만 맞으면 언제든지 교미(?)가 가능한 동물은 인간과 피그미 침팬지인 보노모 뿐이다. 조물주로부터 큰 혜택을 받은 만큼, 건전한 성생활을 영위하여야 함은 물론, 낙태는 불가피한 법정 사유 외에는 도덕적으로도 삼가야 한다.
> 저출산율이 지금처럼 지속되면 통계학적으로는 대한민국 국민이 'O'(제로)가 되는 때가 도래한단다. 아들, 딸 구별 말고 셋은 낳아야 한다. 물론 출산장려에는 주택 우선공급 등 정부의 획기적인 혜택이 뒷받침 되어야 한다.

1번 홀과 2번 홀 사이

여성 골퍼가 공을 치다가 벌에 쏘였다. 라운드를 마치고 프로샵 주인에게 벌에 물린 이야기를 하자,

프로샵 : 어디죠? (어디를 물렸냐는 뜻으로)

여성 골퍼 : (어디서 물렸느냐는 뜻으로 알고) 1번 홀과 2번 홀 사이요.

프로샵 : (신체의 물린 부위를 돌려서 이야기 하는 것으로 알고) 그러게 팬티를 입고 다니셔야죠.

여성 골퍼 : ??

계속 한 홀(Hall) 뒤

골프장에서 비기너 남자 골퍼가 지금 라운딩하는 곳이 몇 번 홀인지 헷갈리자, 앞에서 골프를 치는 여성 골퍼에게 물었다.

남성 골퍼 : 제가 지금 몇 번 홀이지요?

여성 골퍼 : 제가 9번 홀이니까, 제 뒤면 8번 홀이네요.

하고 일러준다. 골프가 끝나고 클럽하우스에서 그 여성 골퍼를 만났다.

남성 골퍼 : 그런데 실례지만 뭐하시는 분이세요?

여성 골퍼 : 직업을 애기하면 웃으실텐데요.

남성 골퍼 : 남의 직업을 듣고 웃기는 왜 웃습니까? 그러니까 더 궁금하네요. 애기해보세요.

여성 골퍼 : 여성 생리대 대리점을 해요.

말이 끝나는 순간 남성 골퍼 포복절도(抱腹絕倒).

여성 골퍼 : 그거 보세요. 내가 직업을 애기하면 웃을거라고 했잖아요.

남성 골퍼 : 그게 아니구요. 저는 화장지 대리점을 하거든요. 생리대 쓰는 홀보다 화장지 쓰는 홀이 한 홀 뒤니까, 제가 댁보다 한 홀 뒤네요. 하하 ^^

Q : 유한킴벌리의 연말연시 인사말은?

A : 메리 크리넥스, 해피 뉴 프리덤!

골프 유머가 나온 김에 미국의 인터넷 골프 사이트인 골프닷컴의 비지니스(접대) 골프 8계명을 소개한다. 이는 〈비즈니스 골프전략〉이라는 회사까지 차린 빌 스트러가 만든 내용이다.

첫째 계율은 '현명하게 파트너를 고르라'는 것이다. 파트너와 힘을 합쳐 적을 물리치는 라이더컵(미국-유럽 골프대항전)이 아니기 때문에 실력이 좋은 골퍼를 파트너로 삼을 필요는 없다. 대신 정책결정자와 파트너가 되는 게 중요하다는 것이다.

둘째 계율은 팽팽한 게임이 되도록 만들라는 것이다. 의도적으로 져 주는 것은 사업 파트너가 모욕감을 느낄 수 있어 오히려 큰 무례가 될 수 있다. 반대로 사업 파트너를 묵사발 낸다면 더 나쁜 결과를 가져올 수도 있다. 그렇기 때문에 핸디캡을 조정한 뒤 팽팽한 게임이 되도록 하는 게 가장 바람직하다. 골프 규칙을 잘 지켜야 하는 건 기본이다.

비즈니스 골프를 할 때는 인내심도 중요하다. 다시 말해 5번 홀 이전이나 15번 홀 이후에는 사업과 관련된 이야기는 꺼내지 않는 게 현명하다. 사업 파트너는 5번 홀 이전이나 15번 홀 이후에는 경기에 몰두하기 때문에 여기서 사업 이야기를 꺼내는 것은 무모한 짓이다. 비즈니스 골프를 할 때는 6시간 이내에 모든 걸 끝내야 한다. 6시간은 18홀 라운드 뿐만 아니라 식사와 음료를 마시는 시간까지 포함한 것이다. 아울러 사업 파트너가 샷을 한 뒤에는 시간을 지체하지 말고 곧바로 샷을 하는 게 파세이브를 하는 것보다 급선무이다.

사업 파트너의 성격과 스타일을 빨리 파악하는 것도 중요한 일이다. 스토러는 어쩌면 이 항목이 비즈니스 골프에서 가장 중요한 룰(*platinum rule*)이라고 말한다. 파트너가 대접받길 바라는 대로 행동하라는 게 그의 설명이다. 과묵한 걸 좋아하는 사람이라면 불필요한 말을 삼가고, 스포츠나 음악을 좋아하는지 미리 파악한 뒤 그가 선호하는 화제를 꺼내 분위기를 부드럽게 만들라는 것이다.

접대 골프를 하면서 불필요하게 술을 마시는 것도 현명한 행동은 아니다. 자칫하면 실수를 하기 쉽기 때문이다. 아울러 18홀 라운드가 끝났다고 해서 모든 것이 끝났다고 생각하면 오산이다. 비즈니스 골프에선 19번 홀과 20번 홀 공략이 매우 중요하다. 스토러는 "스코어카드에 사인하는 게 계약서에 서명하는 것은 아니다. 18홀 이후 식사 시간(19번 홀)을 잘 활용하고, 돌아와서는 감사 편지나 사진 또는 e-메일을 보내는 것(20번 홀)이 중요하다"고 지적한다.

스토러의 핸디캡은 22. 골프 실력은 뛰어나지 않지만 그는 자신을 '비즈니스계의 벤 호건' 이라고 말한다. 현대 골프 스윙의 기초를 만든 호건처럼 자신이 비즈니스 골프의 기본을 만든 프로라는 뜻에서다. 그는

"골프장은 친밀감과 신뢰감, 그리고 상대가 원하는 모든 것을 알 수 있는 완벽한 비즈니스 장소"라며

"비즈니스 골프에서는 스코어는 중요하지 않다. 메이저 대회에 나간 프로 골퍼처럼 목표에 집중해야 한다"고 일러준다.

유머 퀴즈

Q : 예전에는 명절이면 자식, 며느리, 사위, 손자, 조카, 조카 며느리… 현관문이 신발로 그득해서 자기 신발을 찾을 수가 없었다. 거기다가 짝이 섞이면서 온통 난리법석을 떨며 신발들끼리 한판 싸움이 벌어졌으니, 이를 네 자로 요약하면?

A : 옥신각신

Q : 고기만 먹고 나면 치사하게 졸졸 쫓아다니는 개가 있다. 이 개의 이름은?

A : 이쑤시개

Q : 꽃이 제일 좋아하는 벌은?

A : 재벌

Q : 소금이 죽으면?

A : 죽염

Q : 애 낳다 죽은 사람은?

A : 다이애나

Q : 가짜 참기름을 만들 때 가장 많이 들어가는 재료는?

A : 진짜 참기름

적어야 산다

인터넷의 발달로 붕어빵 식 정보의 홍수시대이다.

수첩공주라는 별명이 붙은 정치인도 있지만, 이제는 정보를 정리해야 한다. 기억력에는 한계가 있다. 살아남으려면 들으면서 요점을 정리해서 적어야 한다.

Q : 이를 네 자로 정리하면

A : 적자생존

> 적자생존(適者生存) 〈*the survival of the fittest*〉이란 영국의 철학자 스펜서의 용어로 생존경쟁의 결과, 외계의 환경에 가장 적합한 것만이 생존·번영하고, 적합지 않은 것은 도태되어 쇠퇴·멸망하는 현상으로, 생물 진화론에서 자연도태를 일컫는 말이다.

Q : 관절염 환자가 가장 싫어하는 악기 이름은?

A : 비올라

Q : 소다수에 참기름을 3 : 1 비율로 혼합하면?

A : 버려야 한다.

Q : 김치만두가 김치에게 바친 연가(戀歌)를 칠언절구(七言絕句)로 지으면?

A : 내안에녀 있다

칠언시(七言詩)란 한시의 한 구격(句格)으로, 한 구절을 일곱 글자인 4 · 3의 격조로 엮어서 지은 시의 총칭이다. 이에는 칠언고시(七言古詩) · 칠언절구(七言絕句 : 칠언 사구로 된 한시) · 칠언율시(七言律詩 : 칠언 팔구로 된 한시) · 칠언배율(七言排律 : 한 구가 칠언으로 된 배율) 등이 있다.

내 마음에 뜨는 해

장소팔 : 해가 동쪽에 뜨면 무슨 해인 줄 아세요?

고춘자 : 동해요.

장소팔 : 아이구 똑똑도 하셔라. 그럼 서해에 뜨면?

고춘자 : 그거야 서해죠.

장소팔 : 그럼, 내 마음에 뜨면?

고춘자 : 글쎄요. 마음해?

장소팔 : 사랑해~

동해(東海)는 한반도와 일본 열도, 러시아의 연해주 및 사할린 섬으로 둘러싸인 1,040,000㎢ 넓이의 바다를 말하는데, 일본분들은 독도를 자기네 땅이라고 우기더니, 이제는 동해를 일본해라고 우기고 계시는군!!

넌센스 퀴즈

Q : 발이 아주 큰 노인을 네 자로 줄이면?

A : 노발대발

Q : 홀딱 벗은 남자를 그린 그림을 네 자로 줄이면?

A : 전라남도

Q : 단번에 대학 입시에 합격하는 꿈을 다섯 자로 줄이면?

A : 재수(再修) 없는 꿈

Q : 흔들 때의 짜릿한 쾌감, 쌀 때의 허무함을 세 자로 줄이면?

A : 고스톱

Q : 쑥떡을 두 개 먹으면 안 되는 까닭은?

A : 쑥떡쑥떡 남의 흉을 보니까.

쑥은 국내에만 38가지가 있는데, 해풍과 해무(海霧)를 맞고 자라 3년 숙성시킨 강화약쑥을 쳐준다. 약쑥에는 스코파론 · 플라보노이드 · 치네올 · 섬유질 · 칼슘 · 철분 · 비타민 A · B_1 · B_2 · C 등 다양한 성분이 들어있다.

단전(丹田 : 배꼽 아래로 한 치 다섯 푼 되는 곳)에 쑥뜸을 뜨면 건강에 좋으며, 약쑥으로 좌훈욕을 하면 여성질환은 물론, 남성의 전립선염 치료에 좋다.

Q : 구기자를 먹고 구겨진 얼굴을 펴려면?

A : 피자를 먹는다.

구기자에는 베타인 · 비타민 A · B_1 · B_2 · C · 칼슘 · 인 · 철 · 니코틴산 · 아연 등의 성분이 들어 있어 중년 건강 유지에 좋은 차이니 상용하세요.

다음( )안에 알맞은 한 글자로 된 말을 넣으시오.

사랑은 (   )끼고 (   )하는 것이다.

아이고, 갑을패출판사 김용성 사장, 제발 이상한 생각 좀 하지 말아요!

A : 사랑은 (아)끼고 (위)하는 것이다.

'유력한 대통령 후계자 OOO' 을 네 자로 줄이면?

A : 왕의 남자

장소팔 답안지

문제 1 – 미닫이'를 소리 나는 대로 쓰시오.

정답 : 미다지

장소팔 : 드르륵

문제 2 – 정약전(정약용의 형)이 저술한 우리나라 해역의 어족(魚族)에 관한 연구서는?

정답 : 자산어보

공부 안 한 학생 : 목민심서

장소팔 : 월간 낚시

문제 3 – 공산품과 농산품 및 서비스교역에 이르기까지 무역 자유화를 추구하는 국제경제기구는 □□□이다.

정답 : W T O

공부 안 한 학생 : F T O

장소팔 : 유 우 엔

선생님 : 세칸 채우느라 욕봤대이.

문제 4 – 일제 1932년 상하이 훙커우 공원에서 전승 축하 식장에 도시락 폭탄을 던진 의사는?

정답 : 윤봉길

공부 안 한 학생 : 안중근

장소팔 : **윤복길**(전원일기 등장인물)

문제 5 – 신라 원성왕(778년) 때 관리 선발제도로 독서 능력에 따라 상 · 중 · 하로 나누어 임용에 참고한 제도는?

정답 : 독서삼품과

공부 안 한 학생 : 도서삼품과

장소팔 : **도서상품권**

문제 6 – 행진을 할 때 어느 쪽 발부터 내미는 것이 원칙일까요?

정 답 : 왼발

공부 안 한 학생 : 오른발

장소팔 : **앞발**

문제 7 – 조각 '생각하는 사람'의 작가는?

정답 : 로뎅

공부 안 한 학생 : (로뎅을 잘못 컨닝하여) 오뎅

장소팔 : ('오뎅'이라고 잘못 쓴 옆의 학생 답안지를 컨닝하고, 자기 깐에는 완전범죄를 꿈꾸며 잔머리 굴려 쓴 답)

어묵

문제 8 – 휴대폰을 영어로?

정 답 : *cell phone*

공부 안 한 학생 : *hand phone*

장소팔 : Any Call

선생님 : 트라이앵글은 우리말로 뭐라고 하나요?

장소팔 : ??

선생님 : 삼각형을 말합니다. 그러면 동그라미는 영어로 뭐라고 할까요?

장소팔 : 템버린요!

선생님 : 스트레이트 스펠링이 어떻게 되나요?

장소팔 : S · T · R · A · I · G · H · T요

선생님 : 잘 맞추었어요. 그런데 뜻은 뭐지요?

장소팔 : 물을 타지 않고 그대로 마시는 위스키요.

미술 선생님 : 목과 팔다리가 없이 몸통만으로 된 조각상을 뭐라 하니?

학생들 : (멀뚱멀뚱) ??

장소팔 : **병신요.**

미술 선생님 : 에이고~

정답 : 토르소(*torso*)

수학 시험

시험이라 하면 장소팔에게는 천적인데, 더더군다나 수Ⅱ.

마침 김대수(代數)가 옆에 앉았으니 슬쩍 컨닝을 하여 답을 썼는디,

장소팔 답 : 1092

정답 : log 2

여기서 천적(天敵)이란 먹이연쇄에서, 어떤 생물이 다른 생물을 잡아먹을 때, 잡혀 먹히는 생물에 대해서 잡아먹는 생물을 말한다. 들쥐에 대한 뱀, 진딧물에 대한 무당벌레 등이 그 예로, 방충을 위해 천적을 이용하는 것이 바람직하다.

복싱 레퍼리 장소팔

장소팔이 K1 심판이 되어 그것도 3.1절 날 한일전 주심을 보게 되었다. 아 그런데, 한국 선수가 일본 선수의 강펀치를 맞고 다운된 게 아닌가. 장소팔은 자타가 공인하는 애국주의자. 그것도 3.1절 날

더구나 상대는 일본 선수가 아닌가.

카운트를 배추단 세듯이

'하나요, 가셜라무네 두울이요, 두울이니까 다음에 셋이요…'

그동안 정신을 차린 우리 한국 선수, 일어나 회심의 카운터펀치를 터뜨려 이번에는 일본 선수가 다운되자, 장소팔이 카운트를 하는데

'둘, 넷, 여섯'

아, 그런데 반짝 다운이라 바로 일본 선수가 일어나는 게 아닌가!

호시탐탐 기회를 노리던 주심 장소팔.

다시 일본 선수가 다운되자 바로,

'무궁화 꽃이 피었습니다.'

KO승 선언.

황당한 두 화자 (話者)

장소팔 : 여보세요. 배뱅이 이은관씨 댁이죠?

고춘자 : 아뇨. 잘못 거셨는데요.

장소팔 : 전화번호 맞는데…

고춘자 : 몇 번에 거셨는데요?

장소팔 : 한 번에 걸었는데요.

불공정 게임

시골집에 손님이 오셔서 어차피 닭 한 마리를 잡아야 했다. 주인은 닭 세 마리 중 문제를 내서 못 맞춘 닭 한 마리를 잡아먹기로 했다. 못 맞출 줄 알고 관심 없는 닭 1에게 물었다.

주인 Q : 5+3 = ?

닭1 A : 8 (어쭈!) 깜짝 놀란 주인은 닭 2에게(평소 사랑하던 닭이라 살려 주어야 하므로)

주인 Q : 1+1 = ?

닭2 A : (예쁘면 머리가 안 좋은 것은 닭도 마찬가지인 듯, 안타까워 주인이 손가락으로 V자를 지어서야 그것을 보고 씩 웃으며) 2!

주인은 흐뭇해서 (딩동댕…) 환호를 지르며, 못생긴 닭 3을 노려보며

주인 Q : 27×51×3.8…

닭3 A : 물 올려놓고 털 뽑아, 이 치사한 놈아!

황당 질문, 황당 대답

1. 전화로 치킨을 주문했다.

"띵동~ 띵동"

"누구세요?"

(치킨 배달 온 아저씨 왈)

"접니다."

2. 어묵이 천원에 몇 개인지 포장마차 주인에게 물어본다는 게,

"저 어묵 천원어치 얼마에요?"

3. 일식집에서 방에 둘만 있으니까, 이상한 생각이 들어, 젖가슴을 만지는데, 갑자기 종업원이 "주문하세요!" 하니까, 한다는 소리가

"유두초밥 이인분요."

4. 야채가게 주인 아들이 불의의 교통사고로 식물인간이 되었다. 야채 도매상 아저씨가 문병와서 인사를 한다는 게,

"아이고, 아드님이 야채인간이 돼서 어쩐대유~"

황당 사자성어

Q : 고진감래란?

A : 고생을 진탕 하고나면 감기가 든다.

Q : 개인지도란?

A : 의리있는 개가 개만도 못한 사람을 가르친다.

Q : 임전무퇴란?

A : 임산부 앞에서는 함부로 (퇴!)침을 뱉어서는 안 된다.

Q : 남존여비란?

A : 남자가 존재하는 한 여자는 비참하다.

전통(全대통령) 자제분은 전통을 너무도 여러 모로 닮아서 나온 유머가 있으니

Q : 부전자전이란?

A : 아버지가 전(全)씨면, 아들도 전(全)씨다.

Q : 이심전심(以心傳心)이란?

A : 이순자 여사가 심심하면 전두환 대통령도 심심하다.

> 이심전심(以心傳心)과 같은 말로는 심심상인(心心相印) 그리고 교외별전(敎外別傳)이라는 말이 있고, 염화미소(拈華微笑)란 말이 있는데, 이는 영취산에서 설법한 석가가 연꽃을 들어 대중에게 보였을 때 〈마하 가섭〉만이 그 뜻을 깨닫고 미소하매, 석가는 그에게 불교의 진리를 전했다는 데서 나온 말이다.

짜증과 맞짱뜨기 -20초에 사로잡아라

1판 1쇄 인쇄 2009년 1월 17일
1판 1쇄 발행 2009년 1월 23일

지은이_장광혁
펴낸이_김용성
펴낸곳_갑을패
주소_서울시 동대문구 이문 2동 346-41 영일빌딩 2층(130-831)
전화_02-962-9154 | 팩스_02-962-9156
홈페이지_http//www.LnBpress.com | 전자우편_lawnbook@hanmail.net
출판등록_2003년 8월 19일

ISBN 978-89-91622-21-0 13320

책값은 뒤표지에 있습니다.